AF329753

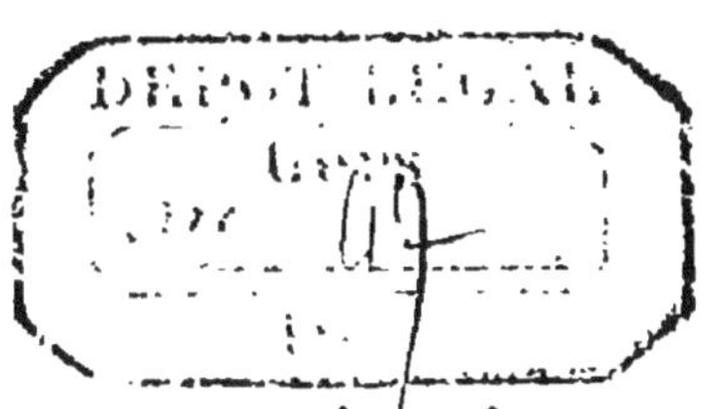

VIIIᵉ CENTENAIRE
de l'entrée au ciel de
S'. BERTRAND DE L'ISLE
né à l'Isle-Jourdain en 1040,
mort évêque de COMMINGES
le 16 Octobre 1123.

SAINT BERTRAND DE L'ISLE

ÉVÊQUE DE COMMINGES

L'ISLE-JOURDAIN, la collégiale Saint-Martin (1785)
bâtie sur l'emplacement de l'église où saint Bertrand fut baptisé.
Restes des fortifications. Le cimetière de Saint-Martin transformé en Esplanade.

J.-M. BÉNAC

VICAIRE GÉNÉRAL D'AUCH
PRÉVOT DU CHAPITRE MÉTROPOLITAIN

SAINT BERTRAND DE L'ISLE

(1040-1123)

ÉVÊQUE DE COMMINGES

(1073-1123)

Extrait de l'ouvrage en trois volumes

LES SAINTS DU CALENDRIER DIOCÉSAIN D'AUCH

AUCH

IMPRIMERIE F. COCHARAUX

RUE DE LORRAINE

1923

LETTRE DE MONSEIGNEUR L'ARCHEVÊQUE D'AUCH

AU CLERGÉ ET AUX FIDÈLES DE SON ARCHIDIOCÈSE

A L'OCCASION

DU VIIIe CENTENAIRE DE S. BERTRAND DE L'ISLE,

Évêque du Comminges.

Nos Très Chers Frères,

Le 16 octobre prochain ramène le huitième centenaire de la mort d'un illustre enfant de notre pays qui fut un des plus glorieux Pontifes de la Sainte Église.

Pour peu que l'on soit instruit des choses de notre histoire locale, qui parmi nous ignore que la chère cité de L'Isle-Jourdain fut le berceau de ce Bertrand de L'Isle qui, placé sur l'antique siège épiscopal du pays du Comminges, y fit resplendir, avec l'éclat de sa grande race, les plus admirables vertus ?

Il n'y a pas jusqu'à son nom lui-même, saint Bertrand de Comminges, que la reconnaissance populaire n'ait voulu perpétuer, en le substituant à l'antique nom de *Lugdunum Convenarum* qui désignait jusque là la vieille cité romaine.

Pouvions-nous laisser passer, indifférents, ce glorieux anniversaire ?

L'heure où nous sommes est l'heure des centenai-
res; on en célèbre partout; jamais, semble-t-il, l'ad-
miration publique n'avait tant fait pour glorifier les
événements et les hommes de notre histoire, dont plusieurs cependant auraient gagné à rester dans l'ou-
bli, parce qu'ils n'évoquent que des souvenirs abhor-
rés et des rôles funestes pour notre pays.

Tel assurément ne sera pas le centenaire de saint
Bertrand de L'Isle dont le culte, toujours vivant chez nous, évoque au contraire les souvenirs
les plus glorieux et les plus bienfaisants.

*
* *

Disons d'abord qu'il est bien nôtre, l'illustre enfant de L'Isle.

Il est notre par sa noble famille, cette maison féodale de L'Isle apparentée non seulement aux maisons
les mieux titrées de la Gascogne Toulousaine, mais
aussi aux plus illustres du royaume et dont le *Castrum Ictium*, ou château, tout près des rives de la
Save, protégeait la petite cité de L'Isle.

Il est notre par sa naissance; c'est là en effet qu'il
descendit dans le berceau familial l'an 1040, qu'il fut
régénéré par les eaux du baptême.

Il est nôtre, parce que là se fit sa formation première à laquelle présidèrent avec un soin jaloux son
père Odon de L'Isle et sa mère Gervaise, de la maison comtale de Toulouse, comme s'ils avaient eu le
pressentiment des destinées glorieuses de leur enfant. « Sa sainteté en effet s'annonça dès la plus tendre enfance. La candeur de ses mœurs était admirable. Négligeant les jeux de son âge, il s'appliquait de
tout cœur aux œuvres de piété. Rien ne lui paraissait plus désirable que de s'entretenir avec Dieu ou

de parler de lui. Son enfance s'écoula de la sorte d'une manière toute sainte » (¹).

Il est nôtre, parce que c'est à L'Isle, au sein de sa famille aimée, qu'il venait se reposer après ses fortes études qu'il compléta au célèbre monastère de la Chaise-Dieu, comme aussi après ses labeurs apostoliques d'Archidiacre du diocèse de Toulouse.

Il est nôtre, car c'est là assurément que, encore tout imprégné des huiles de sa consécration, dans notre cathédrale auscitaine, comme évêque du Comminges, le jeune Prélat vint faire bénéficier ses parents et ses compatriotes des prémices de ses bénédictions.

Il est notre enfin, parce qu'il fut l'oncle d'un de nos plus grands évêques (²) et qu'il le prépara plus encore par ses exemples que par ses leçons, à la grande et féconde mission qu'il devait remplir sur les sièges de Lectoure d'abord, d'Auch ensuite.

Aussi ce n'est pas sans raison que les Lislois reconnaissants, jaloux de la gloire de ce fils de L'Isle qui rejaillit sur eux, ont voué à l'illustre enfant de leur cité un culte que les ans et les vicissitudes des événements n'ont pu altérer et ont voulu traduire de façon éclatante ce culte par le grandiose monument qui s'élève, en l'honneur du saint, à l'un des carrefours les plus fréquentés de la ville.

N'est-ce pas assez déjà pour justifier le centenaire de ce fils très aimé de notre Gascogne ?

Mais il y a plus. C'est surtout le Pontife et le saint que nous entendons magnifier.

Après des études supérieures auxquelles Bertrand

---

¹ Ancien Bréviaire de Comminges.

² Guillaume d'Endoufille de Montaut, fils de Odon de L'Isle, frère du saint, évêque de Lectoure 1118-1122, archevêque d'Auch 1122-1170.

s'appliqua avec cette ardeur que mettent les saints à faire tout pour Dieu; après un stage dans les armes, moins encore par goût que pour complaire à son père qui voyait déjà en lui un brillant chevalier du royaume, le voilà prêtre, bientôt chanoine et archidiacre de Toulouse, méprisant honneurs et sollicitations du siècle pour répondre à l'appel de Dieu et des âmes.

Son zèle commençait à peine de produire ses fruits sur le vaste champ toulousain où il s'exerçait sous la dépendance de son évêque; et voici que les délégués de l'Eglise du Comminges, veuve de son pasteur, viennent supplier l'Eglise de Toulouse de se dépouiller en leur faveur de celui dont la renommée de sagesse et de sainteté avait franchi les limites de son diocèse.

Et notre saint, malgré sa répugnance et les efforts qu'il fit pour se défendre d'un honneur qu'il redoutait, devenait évêque du Comminges en 1073. Notre église métropolitaine, commencée à peine en 1062 par saint Austinde, comptera à jamais parmi ses grandes gloires, celle d'avoir été choisie par lui pour sa consécration épiscopale ([1]).

Il avait 33 ans et son épiscopat devait durer 50 ans. Quel demi-siècle plein de labeurs et de fruits merveilleux !

Elle était particulièrement difficile l'époque où le saint prenait la houlette de pasteur, et le pays de montagnes où il entrait ne se ressentait que trop des malheurs de cette époque.

Les maux du dixième siècle étaient loin d'être réparés, ce siècle, dit Baronius, qui fut un siècle de

---

[1] Il fut sacré par Mgr Guillaume-Bernard de Montaut, archevêque d'Auch, dont la sœur avait épousé le frère cadet de Bertrand.

fer pour sa grossièreté et sa stérilité en toute sorte de bien, un siècle de plomb pour l'abomination du mal qui l'inonda, un siècle de ténèbres pour le manque d'écrivains. Et si l'on ajoute à cela que c'était maintenant l'heure des exactions de toute sorte que l'autorité sacrilège des princes faisait subir à l'Eglise, volant ses biens, violant sa liberté, et qu'enfin le pays du Comminges gardait encore de trop nombreuses traces des étrangers, vétérans, légionnaires et soldats aventuriers qui peuplèrent d'abord ce pays de montagnes, on peut juger de tout ce qu'avait d'ardu le ministère que Bertrand devait y exercer.

Son intelligence si avisée, sa prudence, son activité, sa piété surtout suffirent à vaincre tous les obstacles.

On le vit parcourant en tous sens le vaste champ qui lui était confié.

« Quoique une bonne partie des paroisses à visiter soient situées dans des lieux impraticables, Bertrand ne laisse pas de s'y transporter. Vrai soleil de son diocèse, il porte partout la lumière de sa doctrine avec la chaleur de la piété. On voit ce saint d'une si haute naissance affronter la rigueur des saisons, la furie des torrents, l'apreté des climats, la rudesse des peuples, marcher dans des lieux inaccessibles sans véhicule, voler avec les ailes de la charité sur les plus hautes montagnes pour porter à des hommes incultes le tribut de l'instruction et de l'aumône. Il croit que, après les voyages que Jésus-Christ a fait sur la terre, aucun chemin ne doit paraître rude à un pasteur, chargé des brebis égarées qu'il est venu chercher. S'il arrive tout épuisé dans les églises, il prend de nouvelles forces dans l'oraison, et sans autre délai, il annonce l'Evangile aux pauvres, il confesse, il administre les sacrements, il donne les règlements pour le service divin ou la décoration des églises, et toujours il travaille comme s'il avait plusieurs corps, ou plutôt comme s'il n'en avait aucun » (¹).

Tant de zèle produisit bientôt ses fruits dans les âmes, et le pays sentit lui-même les effets de son ardent apostolat par une magnifique floraison d'églises et de monuments religieux.

Ce zèle si entreprenant ne devait-il pas susciter l'ombrage de ceux qui n'avaient pas craint de mettre la main sur un pouvoir qui ne leur appartenait pas ? Bertrand, avec une liberté toute évangélique, sut briser les obstacles, ces obstacles vinssent-ils même de la Couronne, plaçant bien après la crainte de Dieu la crainte des hommes.

Des miracles, plusieurs fois, furent la signature du ciel pour apostiller ces saintes ardeurs. Les peintures elles-mêmes qui décorent le tombeau du saint Pontife, sont les témoins de ces faits divins; l'historien de sa vie, qui écrivait presque au moment où ils s'accomplissaient, en rapporte quelques-uns et se plaint que le temps lui fait défaut pour en raconter un plus grand nombre.

Après un rude labeur de cinquante ans, où le zèle plus encore que l'âge avait épuisé ses forces, le saint octogénaire vit avec joie arriver la mort libératrice.

« Comprenant que son corps n'avait plus qu'un souffle de vie, il se fit porter sur les bras de ses chanoines devant l'autel de la Sainte Vierge, patronne de sa cathédrale. Là, cet homme, digne d'être loué en toutes choses, et dont les désirs tendaient ardemment vers le ciel, absorbé dans la contemplation, priait avec ferveur, et se recommandait instam-

---

¹ Ancien Bréviaire du Comminges.

ment au Seigneur Jésus-Christ et à sa sainte Mère. Comme assuré de la couronne qui l'attendait à la sortie de ce monde, il se portait plein de joie vers l'autre vie. Enfin, après avoir consolé son peuple, l'avoir confirmé dans sa doctrine, et lui avoir donné sa bénédiction épiscopale, ce saint homme accomplit heureusemnt sa dernière journée, le dix-sept des calendes de novembre » (¹).

C'était le 16 octobre 1123.

Le peuple, par le culte qu'il voua à ce Père aimé, le Ciel par les miracles qui s'accomplirent à son tombeau, proclamèrent sa sainteté; et l'Eglise, avec la voix de ses Pontifes, l'a hautement consacrée par les faveurs singulières qu'elle a accordées au culte et aux reliques du saint, notamment ce fameux *Jubilé* ou *Grand Pardon* de Saint Bertrand dû à la libéralité d'un pape français, Clément V, qui attire, tous les six ou sept ans, une foule innombrable aux reliques de saint Bertrand (²).

*
* *

Nous voudrions par ce centenaire ajouter quelque chose, si c'est possible, à la glorification de notre saint, en mêlant le tribut d'hommages de notre piété à celui que depuis huit siècles ses dévots aiment à lui payer.

Ce tribut doit lui venir de vous tous, N. T. C. F., car saint Bertrand est une gloire diocésaine et surtout un protecteur dont nous avons tous le droit de nous réclamer; nous voulons espérer que vous le lui payerez largement en vous unissant, au moins de

---

¹ Vital, son premier historien.

² Ce Grand-Pardon ne revient que dans les années où la solennité de l'Invention de la Sainte-Croix, qui a lieu le 3 mai, coïncide avec un vendredi.

cœur et par la prière, aux fêtes qui se préparent au pays où Dieu plaça son berceau.

Mais c'est sur vous particulièremnt, fidèles de L'Isle-Jourdain et des paroisses de la contrée de la Save, que nous comptons pour faire de ce centenaire une solennité qui laisse dans notre histoire locale un souvenir ineffaçable et qui attirera sur vous les faveurs de celui qui, du haut du ciel, aime toujours d'un amour de prédilection sa petite patrie et ses frères lislois.

Que lui demanderons-nous en retour de nos hommages ?

Deux faveurs que les malheurs des temps réclament si nous voulons que notre diocèse échappe à cette décadence vers laquelle l'entraînent toutes les malsaines sollicitations qu'une atmosphère de vice crée autour de lui et qui compromet gravement son avenir religieux.

Qu'il daigne protéger tous nos foyers ! Le sien fut si près des nôtres ! Et quel foyer où, malgré la puissance, la fortune et les plaisirs, Dieu resta toujours à sa place, le premier servi, aimé avant tous autres ! Si nos foyers ressemblaient un peu plus à celui de saint Bertrand, comme ils seraient bénis, comme ils seraient plus heureux !

Qu'il daigne protéger notre famille sacerdotale et l'agrandir encore et toujours ! C'est à L'Isle que Bertrand entendit l'appel divin pour le sanctuaire; c'est là que Dieu façonna ce cœur d'enfant pour en faire son séminariste, son prêtre, son pontife, son apôtre, son saint.

Une fois cet appel entendu, Bertrand n'hésita pas; s'arrachant même aux espérances brillantes que lui promettaient ses premiers succès dans la carrière des armes, il obéit à la voix divine, *quam primum honeste potuit, cingulum militare abjecit*; et sans se laisser arrêter par les avantages que la voix de la chair et du sang pouvaient faire miroiter à ses yeux, il entra dans le sanctuaire, sans hésitation et sans partage.

Petits enfants, quel modèle pour vous, mal suivi hélas ! trop souvent ! Combien parmi vous ont étouffé la voix de leur conscience, ou tout au moins ne l'ont écoutée que d'une manière distraite, refusant ainsi un honneur qu'aucun autre honneur humain ne saurait égaler, et se détournant d'une grâce à laquelle était attaché avec leur propre salut le salut d'un grand nombre ! Pauvres découronnés, en ont-ils été plus heureux ? Non; Dieu fait payer très cher, même ici bas parfois, plus tard toujours, le crime de ces dévoyés pour qui le monde a eu plus de charmes que l'autel !

Et vous, parents chrétiens, n'avez-vous rien à apprendre de l'exemple des parents de Bertrand qui donnèrent leur enfant à Dieu, sans arrière-pensée, avec joie même, heureux de l'honneur qui était fait à leur noble maison ?

Si votre égoïsme ou votre sens chrétien trop oblitéré pouvait retenir cette leçon que vous ont donnée les nobles seigneurs de L'Isle ! Vous ne voudriez plus assumer la responsabilité très grave qui pèse sur un père ou une mère quand ils s'opposent à ce que les desseins de Dieu se réalisent sur leurs enfants; vous ne voudriez plus vous priver, et votre famille à jamais, de l'honneur qu' fait rejaillir sur vous et sur elle le sacerdoce qui peut être offert à l'un de vos enfants.

Ah ! que saint Bertrand daigne nous accorder cette double faveur ! L'apôtre qui consacra cinquante ans de sa vie à sanctifier les familles du Comminges; le

Pontife qui employa tout son zèle à donner à son peuple les ouvriers nécessaires aux besoins des âmes, nous le supplierons ensemble, N. T. C. F., d'exaucer ce double vœu que nous déposons à ses pieds, comme l'humble requête de tout un diocèse qui lui reste cher. S'il daigne l'exaucer, nous serons largement payés de notre empressement à fêter aussi dignement que possible le huitième centenaire de son entrée au Ciel.

*
* *

Rien ne sera négligé, N. T. C. F., pour donner le plus d'éclat possible aux fêtes qui se préparent pour les vendredi, samedi et dimanche 26, 27 et 28 octobre.

Nous nous sommes assurés la présence de NN. SS. les Archevêques de Toulouse et d'Albi, de Mgr l'évêque de Germa, auxiliaire de Toulouse, du T. R. Père Abbé de Sainte-Marie du Désert.

Et le programme des fêtes vous dira que rien ne sera négligé : panégyriste distingué, chant si apprécié de nos scholæ grégoriennes, cérémonies extérieures, pour faire de ces journées trois journées dignes du glorieux Pontife dont nous voulons célébrer la mémoire.

Nous ne doutons pas, N. T. C. F., que vous n'accouriez nombreux à ces solennités, à celle surtout du dimanche 28 octobre. Vous aurez à cœur de montrer que le culte de saint Bertrand reste toujours populaire parmi nous, et que vous voulez mériter, par votre fidélité à sa mémoire bénie, qu'il étende sa protection sur notre pays et sur vous-mêmes.

C'est dans cette espérance que nous vous bénissons de tout notre cœur, en vous renouvelant l'expression de notre affectueux dévouement en N.-S. Jésus-Christ.

Donné à Auch, le dimanche 7 octobre 1923, en la solennité de Notre-Dame du saint Rosaire.

† J.-F. ERNEST, *Archevêque d'Auch*
Évêque de Condom, Lectoure et Lombez.

SAINT BERTRAND DE L'ISLE

(1040-1123)

ÉVÊQUE DE COMMINGES

(1073-1123)

Papes : Saint Grégoire VII (1073-1085). — Bienheureux Urbain II (1088-1099). — Pascal II (1099-1118). — *Archevêques d'Auch :* Raimond de Fezensac (1036-1049). — S. Austinde (1049-1068). — Guillaume de Montaut (1068-1096). — Raimond de Pardiac (1096-1118). — Bernard d'Astarac (1118-1122). — Guillaume d'Eudoufielle (1122-1170). — *Comtes de Fezensac :* Aimeri-Forton (1063-1095). — Astanove le Croisé (1095-1099). — Adalmur, sa fille, comtesse (1099-1140).

NOTES CRITIQUES. — De tous les saints qui sont inscrits dans le calendrier diocésain d'Auch, saint Bertrand est un de ceux qui nous appartiennent le plus en propre, puisqu'il est né dans une ville qui fait partie de notre diocèse, et qu'il est l'oncle d'un de nos archevêques les plus distingués du XIIe siècle,

Guillaume d'Eudoufielle de Montaut (1122-1170) [1]. Aussi sommes-nous heureux de dire, tout d'abord, que c'est un de nos saints les mieux connus, grâce aux documents historiques que nous possédons à son sujet.

Le premier de ces documents est une *Vie de saint Bertrand* par VITAL, dont il suffit de lire le titre pour comprendre son importance et le parti que les divers biographes du saint ont pu en tirer. Voici ce titre, tel que nous le lisons dans la *Collection des anciens écrivains* d'Edmond Martène, d'après le manuscrit conservé dans la célèbre abbaye de Fleury ou Saint-Benoît-sur-Loire, diocèse d'Orléans : « Vie primitive « de saint Bertrand, écrite sur la demande du sei- « gneur Hyacinthe, cardinal-diacre de la Sainte « Eglise [2], et sur l'ordre du seigneur Guillaume, « archevêque d'Auch, neveu du saint, sous le ponti- « ficat d'Alexandre III (1159-1181), par VITAL, « notaire apostolique, natif de la province ecclésias- « tique d'Auch, qui a tracé le tableau de la vie et des « miracles du bienheureux confesseur, d'après les « récits de cet archevêque d'Auch, de plusieurs autres « témoins qui ont vu le saint dans son église, et ont « connu parfaitement ses faits et gestes, et enfin « d'après les témoignages des Frères de l'abbaye cis-

---

[1] Nous mettons 1122 d'après le Cartulaire de Sainte-Marie d'Auch, au lieu de 1126, date de l'*Ordo* diocésain d'Auch, car saint Bertrand a eu la joie de voir son neveu promu à l'archevêché d'Auch.

[2] Le cardinal Hyacinthe devint pape sous le nom de Célestin III (1191-1198).

« tercienne de l'Escale-à-Dieu, et qui a écrit cette Vie
« en toute fidélité et en respectant même le texte
« des récits qui lui ont été confiés. »

L'auteur de cette *Vie* était donc un de nos compatriotes, et par suite en situation de connaître par lui-
même les faits importants de la vie de saint Bertrand, dont il fut presque le contemporain[1]. C'était un
personnage éminent, tout à fait digne de foi en
raison de ses fonctions, et il a écrit cet ouvrage sur la
demande de la curie romaine et sur l'ordre du propre
neveu de saint Bertrand, l'archevêque Guillaume de
L'Isle d'Endoufielle, que son oncle avait gardé de
longues années dans son évêché de Comminges et dont
il avait dirigé les études ecclésiastiques.

Ajoutons que cette Vie n'est pas un simple document privé, consigné dans un livre, et n'ayant d'autre
autorité que celle qui lui vient de son auteur et des
personnages à la réquisition desquels il a été composé. C'est un document, revêtu du caractère officiel
le plus respectable, puisqu'il fut présenté au pape
Alexandre III, pendant la tenue d'un concile œcu-
némique (le 3ᵉ concile de Latran), qu'il reçut l'approbation du Chef de l'Eglise et des Pères de ce concile,
et que, par suite, il constitue à lui seul l'instrument

---

[1] On présume que Vital était le chanoine et archidiacre d'Auch
(vers 1110 et 1155) que le Cartulaire de Sainte-Marie appelle *Vital de
Camassas*. Le château et église de Camassas ou Camassès se trouvait
près d'Embats, commune d'Auch. Il y a encore, à cet endroit, une
exploitation agricole appelée *Camassès*.

authentique d'un procès de canonisation, tel qu'on les instruisait à cette époque (1167). Il est incontestable que pour ces motifs, il doit être considéré comme une biographie de premier ordre, méritant toute créance. Cet écrit, il est vrai, n'est pas sans défauts ; plusieurs dates importantes sont omises, parce que sans doute l'auteur les supposait suffisamment connues du public au moment où il écrivait. En outre, dans l'exposé des faits, il observe l'ordre logique de préférence à l'ordre chronologique. Mais nous possédons des documents parallèles qui suppléent à ces lacunes [1].

Le *Bréviaire ancien de Comminges*, longtemps conservé à l'état de manuscrit, donne sur la vie de saint Bertrand des détails intéressants et quelques précisions chronologiques. Jean Lastrade, dont nous allons parler, dit que c'est le pape Alexandre III, qui donna ou autorisa l'*office de saint Bertrand, avec octave*, dans cet antique Bréviaire, écrit en lettres gothiques. C'est un monument vénérable, qui remonte à une haute antiquité, mais qui céda la place à un autre Bréviaire, après le pontificat de saint Pie V. En 1568, ce Pape imposa à tous les évêques de la catholicité l'ordre de réformer le bréviaire de leur diocèse conformément à la réforme adoptée à Rome. Un grand nombre de diocèses, ne pouvant pas faire les frais de

[1] En 1649, le savant Pierre Poussines, provincial des Jésuites à Toulouse, envoya une copie de cette Vie aux Bollandistes qui l'insérèrent dans les *Acta Sanctorum*.

cette réforme, adoptèrent purement et simplement le
Bréviaire Romain de S. Pie V : ce fut le cas des
diocèses de la province d'Auch. Et c'est ainsi que les
leçons de l'ancien Bréviaire commingeois, concernant
saint Bertrand, furent supprimées [1].

En 1734, parut la *Relation de la translation d'une
relique de saint Bertrand de Comminges, augmentée de
la Vie du saint,* par JEAN LASTRADE, *prêtre et prébendé
de Comminges.* Il est à remarquer que l'auteur,
d'après ce qu'il déclare lui-même, n'avait pas pu
trouver « la Vie qui fut mise au jour, en latin, quelque
temps après la mort de saint Bertrand », c'est-à-dire
la Vie écrite par Vital. Sa relation n'en est que plus
intéressante. Puisqu'il n'a pas pu se procurer la Vie
composée par Vital, il ne l'a donc pas copiée. Son
récit est celui de la tradition et de l'histoire dans le
diocèse de Comminges, tel qu'il l'a puisé dans les
récits de son temps et dans les archives de cette
église. Nous avons ainsi un complément très heureux
de l'œuvre de Vital.

Les notes, données par la *Gallia Christiana* sur
l'épiscopat de saint Bertrand, n'ajoutent pas grand'
chose aux documents dont nous venons de parler. Nous
en dirons autant de la vie du saint Evêque que
BAILLET et BUTLER ont insérée dans leurs ouvrages.

[1] Le *Martyrologe Romain* ne mentionne pas saint Bertrand; mais
du Saussay le signale dans le *Martyrologe de Paris.* Peyronnet, dans
son *Catalogue des Saints;* Castellan, dans le *Martyrologe universel;*
Charles de Caylus, dans le *Martyrologe d'Auxerre* en parlent aussi

Mais nous sommes heureux de rendre un meilleur témoignage aux Vies du saint pontife de Comminges, publiées dans la seconde moitié du XIXe siècle par le baron d'Agos, en 1854, et par l'abbé Bertrand BOUCHE, curé d'Huos, doyenné de Saint-Bertrand, en 1895. Ce sont deux ouvrages qui ont une valeur historique réelle. Plus récemment encore (1912), le curé-doyen de Saint-Bertrand, M. l'abbé BEDIN, a doté sa paroisse d'une nouvelle Vie de saint Bertrand, dans laquelle il vise un double but : procurer l'édification des fidèles et préciser davantage l'action exercée par le Saint sur son époque, en élargissant le cadre dans lequel s'est écoulée sa vie. Ce double but nous semble parfaitement atteint. Ces trois ouvrages sont précieux à divers titres. Ils résument d'une manière très heureuse tout ce que les documents écrits et les traditions orales nous apprennent de saint Bertrand.

VIE DE SAINT BERTRAND DE L'ISLE.

§ I. — Son Siècle. — Préparation et aurore du Moyen-Âge.

Le XIe siècle fut une époque remarquable à bien des titres dans l'Histoire de l'Église par la vivacité de la foi dans les peuples, par le grand nombre des saints et par les institutions religieuses, qui se fondèrent parmi les luttes que l'Église eut à subir. C'est vers le milieu de ce siècle, en 1048, que commence la période célèbre appelée le *Moyen-Age*.

Le Xe siècle, avec ses ténèbres profondes et ses luttes sanglantes, avait été une époque d'enfantement social, où tous les éléments religieux, politiques, intellectuels, mêlés et confondus au milieu des péripéties les plus tragiques, préparaient par leur fusion les splendeurs du XIIe et du XIIIe siècles. Le XIe fut aussi une période de préparation, mais de préparation plus méthodique, plus puissante et plus complète, qui ouvrit des perspectives radieuses vers l'avenir, et qui fit de ce siècle une époque de relèvement social extrêmement remarquable, en attendant la plus brillante période du Moyen-Age. On peut dire que c'est le siècle des grands contrastes de la nature indomptée aux prises avec la puissance de la grâce; le siècle où l'Église eut la douleur de voir se consommer le schisme d'Orient, qui sépara de sa communion un si grand nombre d'églises par l'effet de l'ambition et de la mauvaise foi du patriarche de Constantinople, Michel Cérulaire (1043); mais, d'un autre côté, celui où elle eut la consolation de recevoir dans son sein la plupart des nations septentrionales de l'Europe; le siècle où le catholicisme eut à combattre des plaies hideuses, qui s'étaient cyniquement glissées jusque dans le sanctuaire, et celui où il compta le plus de rois ardemment chrétiens, de saints évêques, de pieux cénobites, dont la puissante parole remua profondément les âmes et lança des foules innombrables dans la voie de la perfection évangélique. Dès le début de ce siècle, un immense réveil de la foi agita le monde et fit éclore des merveilles. L'Église, rajeunie soudain par un renouveau de fécondité d'une étonnante puissance, vit surgir dans son sein une légion de grands hommes et de grands saints, telle que peu d'époques antérieures ou postérieures en ont produit.

C'est d'abord une pléiade de saints ROIS qui furent, dans toute la vérité de ces mots, des modèles de vertu et les apôtres de leurs peuples. Le trône impérial d'Allemagne voyait succéder à Othon III, petit-fils d'Othon le Grand, *saint Henri*, mort en 1024 (qui devait être canonisé solennellement par le pape Eugène III en 1152) et sa chaste épouse, *sainte Cunégonde*. — *Saint Etienne* † 1038, beau-frère de saint Henri, devenait premier roi de Hongrie, conquérant des Slaves et des Bulgares, apôtre de ses peuples qu'il soumit au joug de l'Église et de la foi. — *Saint Wladimir*, grand-duc de Russie, d'abord païen, converti au catholicisme à l'occasion de son mariage avec une fille de l'empereur de Constantinople, fit baptiser tous les sujets de ses vastes États avant sa mort, survenue en 1015. — *Sanche le Grand* ou le *Saint* porta avec honneur le sceptre de la Navarre (1001-1033) et combattit énergiquement les Maures. — *Saint Canut le Grand*, sacré par le pape à Rome, réunit sous son autorité l'Angleterre, la Norvège et le Danemark, mort en 1026. — *Guillaume V*, duc d'Aquitaine, protecteur des lettres et des sciences, refusa le trône d'Italie pour se donner tout entier à établir solidement la foi dans ses Etats (993-1030) [1]. — Saint *Casimir*, fils du roi de Pologne, chassé de son pays, moine de Cluny sous saint Odilon, réclamé par les Polonais après sept mois d'anarchie; rétabli sur son trône après avoir été relevé de ses vœux monastiques en 1038. — En Angleterre, *saint Edouard le Confesseur*, fondateur de l'abbaye de Westminster en 1042. — En France, *Robert le Pieux* (996-1031), fils de Hugues Capet, qui exerça la plus heureuse influence sur son royaume par la diffusion des écoles, la sagesse de son gouvernement et son ardente piété. — Enfin, à la suite de ces princes, une femme héroïque, la *Comtesse Mathilde de Toscane*, l'appui le plus ferme du Saint-Siège sous le pontificat de saint Grégoire VII, et qui a mérité par les éminents services rendus à l'Italie et à l'Eglise d'être saluée du titre de *Jeanne d'Arc du* XIe *siècle.*

C'est ensuite une noble série de saints EVÊQUES et de saints MOINES, qui s'élevèrent jusqu'aux plus hauts sommets de la perfection évangélique, et dont quelques-uns eurent la gloire de fonder des familles religieuses, qui furent des pépinières d'âmes héroïques et des foyers d'apostolat chrétien. A Cluny (Saône-et-Loire), abbaye fondée en 910 par saint Bernon, on voit défiler une série de saints abbés, dont le génie et la vertu donnèrent au monastère une telle importance, qu'on saluait en lui « une succursale de Rome » et que plus de deux mille Prieurés ont été soumis à son obédience au XIIe siècle : *saint Odon*, dont le corps repose maintenant dans la patrie de saint Bertrand; *saint Mayeul* (942-991); *saint Odilon*, son successeur (991-1049); *saint Hugues*, élu à 25 ans, à cause de ses éminentes qualités (1049-1109). — *Saint Bernard de Menthon*, près

---

[1] Le saint duc d'Aquitaine, Guillaume, fut un grand fondateur ou restaurateur d'Abbayes. Il avait épousé Brisce de Gascogne, cousine du comte de Fezensac, alors souverain d'Auch, et fille du duc Sanche et de la pieuse Urraque, dont il est question au chapitre de saint Geny de Lectoure (tome Ier, p. 319).

d'Annecy, fondateur des deux fameux hospices du Petit et du Grand Saint-Bernard, au sommet des Alpes (923-1008). — *Saint Jean Gualbert*, noble florentin, fondateur de l'ordre des Camaldules à Vallombreuse, en 1070. — *Saint Pierre Damien*, abbé de Fontavellane en Ombrie, célèbre par ses austérités et par les services éminents qu'il rendit à l'Eglise et à cinq papes de son époque, dont il fut le conseiller et le soutien, mort en 1072. — *Saint Robert*, comte d'Aurillac, fondateur de la grande abbaye de la Chaise-Dieu, en Auvergne. — *Saint Gérard*, moine de Corbie, fondateur de l'abbaye de la Grand'Sauve, diocèse de Bordeaux. — *Lanfranc*, jurisconsulte italien (1005-1089), adversaire de l'apostat Bérenger; devenu moine du Bec, en Normandie (1042), il fit de cette abbaye l'école la plus célèbre de cette époque pour les lettres et la théologie et mourut archevêque de Cantorbéry. — *Saint Anselme*, d'Aoste (1033-1109), un des grands précurseurs de saint Thomas d'Aquin pour la philosophie et la théologie, devint Prieur du monastère du Bec et mourut, comme Lanfranc, archévêque de Cantorbéry. — Le Bienheureux *Robert d'Arbrissel* (1047-1117), fondateur de l'ordre de Fontevrault, dont le diocèse d'Auch se glorifie d'avoir un Prieuré à Boulaur. — *Saint Bruno*, (1030-1101) né à Cologne, conseiller du grand Pape Urbain II, dont il avait été le maître, fondateur de la Grande-Chartreuse en Dauphiné.

Au-dessus de ces illustres et pieux personnages, le xi° siècle vit passer sur le siége de saint Pierre plusieurs PAPES, qui vengèrent admirablement la papauté des humiliations que d'ambitieux et sacrilèges tyrans lui avaient fait subir, et lui rendirent d'une manière éclatante la prééminence politique et sociale qu'elle avait perdue. En tête du siècle, le pape *Sylvestre II* (Gerbert d'Aurillac), le premier pape français (989-1003), prince de la science à son époque, philosophe, mathémacien, musicien, orateur, poète, il réunit dans sa personne tous les dons qui procurent de la célébrité; il fut transféré du siège de Reims sur la chaire pontificale; comme tous les grands hommes il fut la personnification vivante de son siècle. — Quelques années après lui, *saint Léon IX* (Bruno), né en Alsace, parent d'empereurs et de rois, mais plus grand par sa sainteté, passa presque toute la durée de son pontificat (1048-1054) en voyages, rendus nécessaires par les abus enracinés dans un grand nombre d'églises malgré l'effort de l'empereur saint Henri II dans cette œuvre de relèvement religieux. — *Saint Grégoire VII*, le célèbre Hildebrand (1020-1085), né près de Sienne, élevé par un oncle au monastère de Saint-Aventin, à Rome, devint disciple de saint Odilon à Cluny, entra au service du pape Grégoire VI en 1045, et fut depuis lors, le conseiller, le légat et l'appui du Saint-Siège sous les papes saint Léon IX, Victor II, Etienne IX, Nicolas II et enfin sous Alexandre II à qui il succéda. En 1072, il lutta avec une indomptable énergie contre l'empereur Henri IV et brisa les chaînes que le despotisme impérial avait imposées à la Papauté. — Enfin le *Bienheureux Urbain II*, encore un pape français, nommé Odon, fils du seigneur de Lagny, près de Chatillon-sur-Marne; il fut pape dix ans et présida le fameux concile de Clermont, où il prêcha la croisade en 1095; il eut la joie d'apprendre la prise de Jérusalem, le 15 juillet 1099, peu avant de rendre sa belle âme à Dieu.

Sous l'influence de ces illustres pontifes, l'œuvre de la civilisation fit d'admirables progrès en Europe, surtout dans les nations occidentales, c'est-à-dire celles qui acceptaient le plus docilement l'influence du vicaire de Jésus-Christ. Les ordres religieux se répandaient comme d'innombrables armées jusqu'aux contrées les plus lointaines. Les écoles se multipliaient. Les sciences et les lettres recevaient de merveilleux développements. Tout s'unissait pour annoncer l'approche du temps où les nations de l'Europe, unies entre elles sous le patronage du vicaire de

Jésus-Christ, formeraient ce puissant et admirable corps social, qui s'appela la *chrétienté* (1122-1294).

Le tableau que nous traçons du xie siècle serait incomplet, si nous ne disions pas un mot d'une institution de cette époque, qui fait le plus grand honneur à l'Eglise, et dont le mérite revient particulièrement à nos provinces du midi de la France. Nous voulons parler de la *Trêve de Dieu*. Dès les dernières années du xe siècle, les esprits les plus élevés se préoccupaient de trouver un moyen, non pas de mettre un terme absolu aux querelles sanglantes et aux brigandages qu'inspirait la demi-barbarie de cette époque, et l'absence d'une police régulière, mais de circonscrire les conséquences désastreuses qu'elles amenaient, et d'aider ainsi à l'œuvre de l'adoucissement des mœurs. Cette noble pensée reçut un commencement de réalisation en 996 par un décret célèbre de Wido, évêque du Puy, rendu sans aucun doute sous l'inspiration de Notre-Dame de France, dont le sanctuaire, confié à sa garde, attirait alors des multitudes innombrables de pèlerins. Quarante ans plus tard, en 1031, les évêques assemblées en divers conciles d'Aquitaine, d'Arles, de Lyon et de Bourgogne, donnèrent une forme précise à cette institution en décrétant que, « pendant les jours consacrés à la mémoire de la Passion « du Sauveur, c'est-à-dire depuis le mercredi soir jusqu'au « lundi matin de la semaine suivante, il y aurait suspen- « sion d'armes entre tous les citoyens, quel que fut le « sujet de leurs querelles. » Dès lors, la guerre devenait soumise à des règles dictées par l'humanité, l'honneur et la religion; elle perdit ainsi une grande partie des atrocités qu'elle causait autrefois. C'était une victoire que la morale évangélique remportait sur la législation et les mœurs empreintes de la barbarie des siècles passés. En 1031, le concile de Limoges décréta l'excommunication contre tous ceux qui contreviendraient à la Trêve de Dieu.

On aurait pu soupçonner l'Eglise d'être tombée dans un

sommeil fatal au cours des deux derniers siècles, mais, après le tableau que nous venons d'esquisser, comment se refuser à reconnaître dans le xi° siècle une époque de relèvement religieux et social admirable? C'était comme un puissant réveil, qui se produisait de toute part et qui proclamait, d'une manière éclatante, la fécondité merveilleuse déposée par Dieu au sein de son Eglise.

§ II. — Les parents de Saint Bertrand ; son éducation à la Chaise-Dieu.

C'est au milieu du xi° siècle, et comme sous le rayonnement de toutes ses gloires religieuses, l'an 1040, que vint au monde celui qui devait être le grand saint du pays de Comminges, dans le territoire de *Ictium castrum*[1], diocèse de Toulouse, aujourd'hui *L'Isle-Jourdain*, diocèse d'Auch. Cette localité était une terre seigneuriale appartenant à la puissante famille de L'Isle, branche cadette de la maison comtale de Toulouse, comme l'indique son blason[2]. C'était une ville entourée de murailles, et qui s'administrait elle-même sous l'autorité de ses seigneurs[3]. Située sur les bords de la Save, dans la région fertile du Savès, qui est de nos jours l'arrondissement de Lombez, elle était connue par la bravoure légendaire de ses seigneurs, qui lui donnèrent leur nom, auquel vint s'ajouter celui de *Jourdain*, en souvenir de la part glorieuse que

---

[1] *Castrum* signifie place forte ou simplement château. Le mot *Ictium* n'est peut-être qu'une mauvaise orthographe de Islium, nom de la famille qui construisit le *castrum*.

[2] De gueules (rouge) à la croix vidée, cléchée et pommettée d'or, qui est dite « croix de Toulouse ». Un acte de 1289 cite *cinquante-trois* localités dans le rayon de l'Isle-Jourdain, qui relevaient de cette grande maison féodale.

[3] Les seigneurs ou sires de l'Isle ne reçurent le titre de comtes qu'en 1342, sous Philippe de Valois.

Raimond de L'Isle, frère de notre Bienheureux, prit aux exploits de la première croisade.

Bertrand eut pour père Odon de L'Isle, et pour mère, Gervaise, fille de Guillaume Taillefer, comte de Toulouse. C'était, aux yeux du monde, une origine des plus illustres : la maison de L'Isle était une des plus importantes de ce qu'on appelait la Gascogne Toulousaine ; et, quant aux comtes de Toulouse, ils prenaient rang parmi les grands feudataires de la couronne, et jouissaient d'une autorité presque royale. Guillaume Taillefer avait été marié deux fois. D'une première union avec la fille du comte d'Anjou, il avait eu deux enfants : Constance, qui devint l'épouse du roi de France, Robert le Pieux, et Ermengarde, mariée à Robert, comte d'Auvergne. De sa seconde union avec Emma, fille de Rotbold, comte de Provence, naquit Gervaise, épouse d'Odon de L'Isle. La mère de saint Bertrand était donc apparentée à la reine de France et aux plus illustres maisons du royaume, celles de Toulouse, de Provence, d'Anjou et d'Auvergne. On ne pouvait guère être plus près du trône.

Bertrand eut deux frères : *Raimond* qui succéda à son père et perpétua, comme fils aîné, le glorieux nom des Sires de L'Isle (voir le tableau généalogique) et *Odon* qui prit le nom d'Endoufielle[1], d'une terre reçue en apanage, et qui épousa une sœur de Guillaume de Montaut, archevêque d'Auch (1068-1076). De cet Odon de L'Isle naquit Guillaume de L'Isle, surnommé d'Endoufielle de Montaut, dont saint Bertrand surveilla l'éducation, et qu'il verra un jour sur le siège métropolitain d'Auch.

La première éducation de Bertrand, au sein de sa famille, se fit sans bruit, mais déposa dans le cœur de cet enfant prédestiné le germe des plus belles vertus. « Dès

---

[1] Endoufielle commune de 600 âmes, voisine de L'Isle-Jourdain, est aujourd'hui dans le canton de ce nom.

GÉNÉALOGIE DE LA PARENTÉ PATERNELLE DE SAINT BERTRAND

(P. Anselme, t. II, pp. 703-711).

ODON-RAIMOND, seigneur de l'Isle, ép. Gervaise, de la maison comtale de Toulouse.

RAIMOND, chevalier croisé 1099.

BERTRAND de l'Isle, évêque de Comminges, canonisé en 1167.

ODON de l'Isle, seigneur d'Endoufielle, ép. X. de Montaut en Fezensac.

JOURDAIN Ier, né et baptisé sur les rives du Jourdain.

GUILLAUME de l'Isle, dit d'Endoufielle de Montaut, évêque de Lectoure, 1118-1122, archevêque d'Auch, 1122-1170.

BERNARD Ier-JOURDAIN, octroya des coutumes à la Sirerie de l'Isle, 1180.

JOURDAIN II acheta le Gimois, 1195.

JOURDAIN III. Révolte des Albigeois, 1207-1226.

BERNARD II JOURDAIN, sire de l'Isle-Jourdain, (1228-1240), où il appela les Templiers.

BERTRAND de l'Isle, 1228-1285 chanoine, évêque de Toulouse, a fait bâtir le beau chœur et 14 chapelles de la cathédrale.

BERNARD III-JOURDAIN † s. p. mâle.

JOURDAIN IV, sire de l'Isle (1240-1288), vice-roi de Sicile, établit les Cordeliers à l'Isle-Jourdain, 1280.

JOURDAIN V. Conquête de la Flandre, 1304.

BERNARD IV-JOURDAIN, baron de l'Isle-J., 1306. Lieutenant du Roi en Gascogne.

JOURDAIN de l'Isle, seigneur de Cazaubon (Gers). † s. p. Exécuté 7 mai 1323.

BERTRAND Ier, créé COMTE par Philippe de Valois, 1342, grand capitaine de l'époque.

JEAN-JOURDAIN Ier, 4e comte de l'Isle, lieutenant de Duguesclin, 1371.

MARGUERITE de l'Isle, nièce par alliance du pape Jean XXII, qui érigea l'église de l'Isle-Jourdain en *collégiale* et lui donna à cette occasion le corps de saint ODON (1318).

JEAN, 2e comte de l'Isle, capitaine Général, 1352-1364.

JEAN-JOURDAIN II, 5e comte, vendit le comté (1405) au duc de Bourbon, qui, pour trouver une rançon après Azincourt, le revendit (1421) à son cousin germain le comte d'Armagnac, dont les armoiries furent écartelées avec la croix de Toulouse.

BERTRAND II, 3e comte. † s. p. 1360.

» son bas âge, nous dit Vital, déjà semblable à l'étoile
« brillante du matin, il montrait en germe et en fleur
« l'abondante moisson de fruits et de vertus qu'il devait
« produire dans un âge plus avancé. » L'ancien Bréviaire
de Comminges développe cet éloge succinct dans les termes
suivants : « Sa maison paternelle fut moins la demeure
« d'un seigneur qu'un séjour d'innocence et une école de
« vertus. Par ses exemples, l'enfant édifiait ses infériéurs
« et ses égaux, et les portait ainsi à demeurer fidèles au
« service de Dieu. A cette école de piété il reçut les prin-
« cipes de la vie chrétienne, et se forma aux habitudes
« d'une vertu solide, se préparant ainsi à rendre à Dieu ce
« qui est à Dieu, et à César ce qui est à César, lorsqu'il se
« trouverait engagé dans les périls du siècle. Il était aisé
« de prévoir qu'il se ferait aimer par Dieu et bénir par les
« hommes. Sa sainteté future s'annonça dès la plus tendre
« enfance. La candeur de ses mœurs étai! admirable.
« Négligeant les jeux de son âge, il s'appliquait de tout
« cœur aux œuvres de piété. Rien ne lui paraissait plus
« désirable que de s'entretenir avec Dieu ou de parler de
« de lui. Son enfance s'écoula de la sorte d'une manière
« toute sainte. »

Désireux d'acquitter à l'égard de leurs enfants tous les
devoirs que la nature et la foi leur imposaient « Odon et
« Gervaise, dit Vital, se plurent tous deux à appliquer
« leur fils à l'étude des Saintes Ecritures, afin qu'elles
« pussent le conduire par la foi au Seigneur Jésus. » Il va
sans dire qu'avant de l'initier à ces hautes études, ils lui
firent donner toute la culture intellectuelle profane que les
jeunes gens de la noblesse de cette époque avaient coutume
de recevoir. Mais les instincts religieux de Bertrand leur
parurent réclamer une culture plus élevée; et c'est pour ce
motif qu'ils l'appliquèrent à l'étude des Saintes Lettres
sans se douter peut-être que cette étude l'acheminerait
vers le sacerdoce.

Les limites de l'enseignement que Bertrand pouvait recevoir auprès de sa famille furent bientôt dépassées; il fallut songer à confier à des maîtres de choix le couronnement de ses études. On prit conseil d'un ami de la famille le futur archevêque d'Auch, Guillaume de Montaut, alors Prieur de Saint-Orens d'Auch, qui indiqua l'abbaye de la *Chaise-Dieu*, en Auvergne, dont un grand seigneur, saint Robert, était abbé, et qui, quoique d'une création toute récente (1043), attirait déjà une population entière. Les abbayes étaient les écoles les plus savantes et les plus fréquentées de ce siècle, et celle de la Chaise-Dieu occupait parmi elles un rang d'honneur.

D'après un manuscrit antique, c'est à l'abbaye *de l'Escale à Dieu* que les parents de Bertrand auraient confié l'éducation supérieure de leur enfant; mais il y a ici évidemment erreur de copiste et confusion de nom, puisque cette dernière ne fut fondée qu'en 1142, c'est-à-dire après la mort du Bienheureux. Il était du reste bien naturel que le sire de L'Isle et sa femme confiassent leur enfant aux Bénédictins de la Chaise-Dieu, puisque une sœur de Gervaise, Ermengarde, était mariée au comte d'Auvergne, Robert.

Il y avait à la Chaise-Dieu deux écoles : l'une, dans l'intérieur du cloître, réservée aux moines et aux oblats; l'autre, hors du cloître, où on élevait les enfants destinés à revenir dans le monde après avoir suivi le cours de leurs études. C'est dans cette dernière qu'entra Bertrand; car rien ne fait supposer qu'il ait eu un seul instant l'intention de se consacrer à la vie claustrale. C'est là qu'il se forma à ces habitudes viriles et chrétiennes, qui préparaient en lui, d'abord le vaillant soldat, défenseur des intérêts de son pays, et puis l'homme d'église, dévoué sans mesure à l'œuvre du salut des âmes. « C'est là, nous dit Jean Las-
« trade, qu'il reçut surtout cette éducation ecclésiastique,
« qui grava dans son âme encore tendre le goût de la

« vertu, et le plia comme une branche flexible au service
« de Dieu. C'est là que, par les exemples des solitaires
« auprès desquels il vivait, et par la lecture des Saints
« Livres, il reçut de Dieu la connaissance de sa volonté
« avec la force de la pratiquer dans toute son étendue.
« C'est enfin à cette école qu'il puisa les lumières dont il
« fit ensuite un si saint usage pour l'instruction des
« enfants et pour la conversion des pécheurs. Toujours
« avide d'apprendre, il mit à profit les leçons des savants
« maîtres qui y professaient, en même temps qu'il écoutait
« dans le silence la voix de Dieu qui l'appelait à lui.
« Quoique appliqué avant tout à l'étude des Saintes Ecri-
« tures, il n'eut garde pour cela de négliger les lettres
« humaines. Ayant continuellement devant les yeux les
« livres qui traitent de la religion, il ne se lassait pas de
« les lire, et, peu content de remplir sa mémoire des
« vérités saintes qu'ils renferment, il les gravait dans son
« cœur pour en faire la règle de toutes ses actions. »

§ III. — Bertrand dans la carrière des armes.

Un esprit sérieux et réfléchi, comme l'était le jeune
Bertrand, ne pouvait manquer de se poser, au cours de ses
études, la grave question de la carrière où il devait s'engager pour donner satisfaction aux aspirations de son âme,
et répondre à l'appel de Dieu. Ses parents, dans le foyer
familial, et l'abbé Robert, à la Chaise-Dieu, s'en préoccupaient aussi; et les tendances religieuses du jeune étudiant
persuadaient à tous qu'il prendrait la voie qui conduit au
service des autels. Mais sachant que l'ambition de son
père se plaisait à se le figurer d'avance page brillant, dans
la cour d'un de ses oncles, en attendant d'être promu au
rang de *chevalier*, comme il siéyait à une noble famille,
désireuse de perpétuer par un de ses fils ses antiques traditions de vaillance et d'honneur, Bertrand déclara soudain

son désir d'entrer dans la carrière des armes. Les nombreux exercices physiques, auxquels il se livrait joyeusement à la Chaise-Dieu, avaient fait de lui un cavalier accompli. Aux jours de lice, il paraissait presque sans rival pour monter un destrier, mânier une lance, ou lancer un javelot. Aussi bien soufflait-il, en ce moment, comme un vent d'héroïsme dans les âmes chrétiennes. Le récit des maux causés par les Musulmans en Palestine et en Espagne soulevait dans les cœurs jeunes des ardeurs militaires difficiles à contenir. Prêtre ou soldat : entre ces deux deux formes de l'héroïsme chrétien, c'est pour la seconde que Bertrand, sous l'inspiration des traditions familiales, se décida tout d'abord. D'ailleurs la grande dévotion qu'il professait pour saint Martin, le patron de l'église de son baptême à L'Isle, le portait à suivre les traces du glorieux pontife de Tours, qui avait commencé à servir dans les légions romaines avant de revêtir la robe du moine et de porter la houlette de l'évêque.

Entré dans cette noble carrière, il se montra, dès les premiers pas, un soldat modèle. Il accepta résolument toutes les charges du métier militaire; mais il en évita les désordres avec encore plus de soin. « Sans rien perdre de « sa pureté d'âme, lisons-nous dans l'ancien Bréviaire de « Comminges, il se tint éloigné de la vaine gloire, de « l'arrogance et des autres vices communs aux hommes de « ce métier ». Et Vital ajoute : « Ceux qui ont connu « particuliérement la pureté et la délicatesse de son âme « ne doutent nullement que le lys de la chasteté n'ait cons- « tamment fleuri dans son cœur... Doux au milieu d'hom- « mes violents, modeste parmi des compagnons vaniteux et « hautains, sobre dans une société dissolue, il pratiqua ces « belles vertus à une époque où elles semblaient s'être « réfugiées au fond des cloîtres ou dans la solitude des « déserts. Beau de figure, doué d'une tournure élégante, « distingué dans les tournois, cavalier parfait, avec cela

« pieux, simple, affable, généreux jusqu'à se dépouiller
« lui-même à l'exemple de saint Martin, il offrait le type
« accompli de l'homme de guerre transformé par la
« sainteté. »

On aurait pu croire que le jeune soldat, grisé par les
succès que lui assuraient sa bonne grâce et sa vaillance,
n'avait d'autre ambition que de conquérir les lauriers de la
gloire sur les champs de bataille qui s'offraient à lui de toute
part. Loin de là, un dégoût secret travaillait profondément
son âme et lui faisait sentir que le Ciel avait d'autres
desseins sur lui. Le monde et ses vaines agitations lui
inspirèrent bientôt une aversion toujours croissante. De
jour en jour, il éprouvait un attrait plus puissant vers la
retraite, le silence et la prière. Longtemps comprimé, cet
attrait finit par l'emporter. Sur les conseils du saint abbé
Robert, de l'archevêque d'Auch, saint Austinde, et de
l'évêque de Toulouse, il supplia sa famille de lui rendre
sa liberté et « dès que les convenances le lui permirent,
« dit l'ancien Bréviaire, il déposa les armes et quitta
« l'armée : *Quam primum honeste potuit, cingulum militare
« abjecit.* » Il était alors à la fleur de l'âge, dit le Martyrologe Gallican « *florente œtate* », c'est-à-dire qu'il avait
de vingt à vingt-cinq ans.

§ IV. — Bertrand chanoine et archidiacre de Toulouse.

Nous serions heureux de posséder quelques détails sur
les sentiments qui animaient le cœur de Bertrand, et sur
les vertus qu'il pratiqua dans les premières années de son
entrée dans l'état ecclésiastique. Nous aimerions à la
suivre pas à pas dans l'intéressante période où il monta
les degrés de la sainte hiérarchie, depuis les ordres mineurs
jusqu'au sacerdoce. Mais les documents écrits qui le con-
cernent sont d'une concision désespérante à cet égard.

Nous savons seulement que l'évêque de Toulouse [1], le pieux Izarn, lui prodigua les témoignages de la plus tendre sollicitude, et que, dès qu'il l'eût ordonné prêtre, il lui offrit de le prendre avec lui dans son chapitre cathédral, qui vivait dans la clôtnre, la pauvreté et l'obéissance sous la règle saint Augustin. Bertrand répondit à ces preuves d'affection par la plus filiale reconnaissance et, se sentant appelé à une vie plus austère que celle du clergé séculier, il se hâta de prendre rang parmi les chanoines de Saint-Etienne. L'ordre des chanoines réguliers de Saint-Augustin était une merveilleuse adaptation de la vie monastique au ministère des âmes. Le chapitre de Toulouse en pratiquait les observances avec une généreuse ferveur; Bertrand entra dans cette pieuse communauté dans l'espoir de s'y livrer courageusement aux dures pratiques de la vie religieuse.

Le Propre de Toulouse de 1679 nous dit que « le désir « de chercher les choses du ciel le détermina à entrer « dans la communauté des chanoines réguliers de Tou- « louse; son esprit de foi, sa piété, son humilité, sa « charité, sa fidélité en toutes choses y brillèrent d'un tel « éclat qu'il se montra bientôt le plus parfait entre les « parfaits. Absorbée en Dieu, son âme priait sans cesse « selon le conseil du divin Maître. Ses conversations elles-« mêmes semblaient être du ciel, tant la pensée de Dieu « lui était familière et le quittait peu. » — « Les chanoines, « se plaisait-il à répéter, étant d'un rang plus élevé dans « l'Eglise, doivent se distinguer des autres clercs par leur « science et leur vertu, et leur servir d'exemple. » Plus que personne, l'évêque de Toulouse suivait avec un intérêt

[1] Toulouse était alors un simple évêché de la province de Narbonne. C'est le 26 mai 1317 que le pape Jean XXII, originaire de Cahors, érigea Toulouse en archevêché et lui donna six évêchés suffragants : Pamiers, Montauban, Lavaur, Rieux, Saint-Papoul et Lombez.

attendri les progrès spirituels du jeune Bertrand. Tout en admirant ses vertus, il était surtout frappé de cette maturité de jugement, de cette force de caractère, de cette prudence d'âme, de cet esprit d'initiative, de cette hauteur de vues qui signalent un homme, fait pour la direction des autres, et il se demandait dans le secret de son cœur quel était le parti qu'il pourrait en tirer.

Sur ces entrefaites, la place d'*archidiacre,* c'est-à-dire de *vicaire général,* devint vacante dans le chapitre. Après celle de l'évêque, cette dignité était la plus importante. C'est l'archidiacre qui suppléait le premier pasteur du diocèse dans toutes tes affaires d'administration et de juridiction ecclésiastique, qui avait la surveillance des prêtres employés aux fonctions du saint ministère, et veillait à la bonne direction de tous les intérêts diocésains. Comme tous s'y attendaient alors, le choix d'Izarn tomba sur Bertrand. Le jeune chanoine opposa à cet honneur, que lui seul n'attendait pas, les plus vives résistances; mais lié par son vœu d'obéissance, il fut contraint de se soumettre et, prenant à cœur sa nouvelle charge, il en embrassa toutes les obligations avec une admirable ardeur. « Il se montra, dit l'ancien « Bréviaire, embrasé d'un saint zèle pour la discipline « ecclésiastique. Autant il aimait ceux qui l'observaient, « autant les vices des clercs relâchés lui inspiraient de la « répulsion. Il coupait vite le mal dans sa racine, et « l'empêchait de s'étendre. En un mot, sa vigilance ne « négligeait rien de ce qui avait trait à l'honneur de « l'Eglise et au salut des âmes ». Jean Lastrade complète ce témoignage en disant : « Revêtu de sa nou- « velle dignité, Bertrand se persuada que de nouveaux « engagements demandaient de lui qu'il travaillât avec « plus d'ardeur à se revêtir de Jésus-Christ, à se laisser « conduire toujours par ses maximes, et à se remplir de « son esprit, soit par la méditation continuelle de sa loi et « de sa sainte vie, soit par la pratique exacte de ce qu'il a

« commandé à tous les fidèles, ou conseillé à ses disciples
« choisis. Comme s'il n'avait encore rien fait pour la gloire
« de Dieu et pour son propre salut, le pieux chanoine ne
« pensa qu'à ce qui lui restait à faire pour acquérir la
« perfection des vertus chrétiennes et religieuses, afin de
« devenir un instrument de salut pour la conversion des
« pécheurs ».

L'évêque de Toulouse confia fréquemment le ministère de la prédication à son archidiacre. Bertrand l'exerça avec grand succès, soit dans la ville de Toulouse, soit dans tout le diocèse, soit dans le cours des visites pastorales de son évêque, qui aimait à l'avoir dans sa compagnie et à profiter de ses conseils. « Devenu homme public, il se « jugea né, non pour lui, mais pour les autres ; et, guidé « par un zèle qu'il avait appris à l'école de l'Esprit Saint, « il se fit tout à tous, afin de gagner tout le monde à « Jésus-Christ. » Le moment vint où sa réputation dépassa les limites de son diocèse ; et on ne tarda pas à sentir que l'heure approchait où, après avoir fait briller son zélé serviteur au second rang, le ciel allait l'élever au premier. Cette heure sonna à la mort de l'évêque de Comminges, Oger, survenue en 1073. Aussitôt cette nouvelle apprise, le même cri s'échappa de toutes les poitrines : « Qu'on nous donne pour évêque le saint archidiacre de Toulouse ».

§ V. — Bertrand, évêque de Lyon de Comminges (1073).

Le diocèse pyrénéen, que le jeune évêque de trente-trois ans allait administrer, comprenait le territoire de l'antique « cité » romaine des *Convènes*. Ce nom, qui a été transformé, ou plutôt déformé en celui de Comenges et Comminges, désignait anciennement une sorte de petit peuple étranger (tel est le sens du mot latin *Convenæ*) que Pompée avait fixé dans ces montagnes en l'an 72 avant Jésus-Christ, après avoir soumis l'Espagne, et pour qui il avait bâti une grande ville qu'il appela *Lyon*, en latin *Lugdunum Convenarum*, Lyon des Convènes. Cette colonie latine se composait de vétérans, de légionnaires, de soldats de toute origine, véritable bande d'aventuriers, dont les descendants donnèrent beaucoup de peine aux premiers missionnaires de la Gaule. Cette ville, dont la citadelle (*Oppidum*) est devenu la ville de Saint-Bertrand, s'étendait aussi dans la très fertile plaine voisine, au milieu d'un splendide cirque de montagnes que traverse le fleuve de la Garonne. La charrue y découvre chaque jour quelque vestige de la splendeur de cette vaste cité disparue [1], et remplacée par les localités de Barbazan avec son petit lac, sa source thermale et son château féodal, de Loures, de Labroquère, de Valcabrère, et celle de Saint-Bertrand, tant fréquentée par les pélerins et les touristes. Une confortable voie romaine reliait Auch et Lyon des Convènes. La ville, longtemps florissante, possédant des thermes et un amphithéâtre, fut saccagée et rasée par les armées franques de Gontran, fils de Clotaire Ier, qui vint y assiéger Gondewald, un aventurier prétendu mérovingien, qui avait été proclamé roi du Midi de la France par les Aquitains (586).

Suffragant de la métropole d'Eauze, puis de celle d'Auch, qui la remplaça vers 850, l'évêché des Convènes avait survécu à la destruction de sa ville épiscopale. Au point de vue politique, il avait été érigé en *comté* (englobant le Couserans) en faveur de Garcia, fils aîné d'Asner-Sanche, comte de la Vasconie citérieure (peu après 836). La maison des Comtes de Comminges est célèbre, comme on sait, dans l'histoire de la Gascogne.

Parmi les prédécesseurs de Bertrand de L'Isle sur le siège de Comminges, Auch gardait en ce moment le sou-

---

[1] Des fouilles récentes ont mis à jour les thermes romains, l'enceinte d'un édifice religieux avec de nombreux sarcophages, des fragments d'architecture et des objets d'art variés, dont plusieurs sont conservés au musée de Toulouse.

venir de l'évêque Guillaume, dont saint Austinde avait favorisé l'élection. C'était un prélat très ardent à répandre la réforme monastique de Cluny. Aussi assista-t-il à l'installation des Clunistes à Saint-Mont, à Saint-Orens d'Auch (1068) et à l'érection du prieuré de Montaut, près Auch (1069). — A sa mort (1070) le clergé et le peuple du Comminges lui avaient donné pour successeur Oger (ou Auger), qui avait donné des preuves constantes de son zèle pastoral et de sa piété pendant son trop court épiscopat. — Un fait digne de remarque, c'est que le saint archidiacre de Toulouse, Bertrand, était appelé à monter sur le siège de Lyon des Convènes en la même année que saint Grégoire VII (Hildebrand) sur celui de saint Pierre.

Cependant, le diocèse de Comminges se ressentait lui aussi profondément des maux et des abus qui affligeaient l'Eglise universelle à cette époque. Aussi le choix du nouveau pasteur avait-il le caractère d'une importance tout à fait exceptionnelle. Vital donne des détails très circonstanciés sur l'élévation de Bertrand de L'Isle à l'épiscopat et sur son arrivée à Comminges en 1073. « Notre « Bienheureux, dit-il, se livrait avec un grand zèle à « l'administration de la charge qui lui était confiée, et la « renommée de ses vertus s'étendait au loin parce qu'une « cité placée sur une montagne ne peut être tenue cachée. « Cependant il advint que l'église de Comminges, veuve « de son évêque, cherchait avec sollicitude un pasteur qui « put la gouverner avec prudence et veiller à ses besoins. « Or, il se fit, par une disposition de la divine Providence, « que ceux, à qui incombait le pouvoir de faire ce choix, « ayant invoqué, selon l'usage, la grâce de l'Esprit-Saint, « élurent pour leur évêque l'archidiacre de Toulouse, dont « les actions, plus que les paroles, proclamaient la vertu. « Ils vinrent au cloître de Saint-Etienne de cette cité « annoncer à l'évêque et au chapitre l'élection qu'ils « avaient faite. Tous, jeunes et vieux, se réjouirent du

« choix de cet homme juste, non sans éprouver une dou-
« leur légitime de ce que leur église de Toulouse perdait
« ce fils et s'en trouverait éloignée. Les députés entraî-
« nèrent et conduisirent vers la cité de Comminges celui
« qu'ils avaient élu, cet homme reconnu le meilleur parmi
« les meilleurs, qui n'avait employé ni la prière, ni les
« offres pour parvenir au faîte de cette haute dignité.
« L'éclat de sa pureté et de sa douceur, son humilité et
« l'abondance de ses bonnes œuvres le leur firent choisir...
« Ils l'intrônisèrent avec les solennités accoutumées dans
« son église cathédrale, au mili u des manifestations de
« joie d'une multitude de peuple. Plus tard, il fut sacré
« par Guillaume-Bernard, de bienheureuse mémoire, dans
« la cathédrale d'Auch, métropole, comme on sait, de dix
« cités épiscopales. [1] »

Quelle est cette cathédrale de Comminges où eut lieu
l'intrônisation du nouvel évêque ? Certainement ce n'est
pas l'église de la ville haute, car elle gisait au milieu des
décombres accumulés par les guerres du Moyen-Age et
saint Bertrand devait lui-même la relever bientôt. C'était
la célèbre basilique de Saint-Just, le plus ancien monument
religieux de la contrée, jadis collégiale, aujourd'hui église
de Valcabrère, classée comme monument historique [2].

La cérémonie de consécration eut donc lieu dans l'église
métropolitaine d'Auch, que saint Austinde avait commencée

---

[1] Guillaume-Bernard de Montaut fut le successeur immédiat de
saint Austinde en 1068. Le cartulaire d'Auch fait son éloge en ces
termes : « L'archevêque Guillaume, d'heureuse mémoire, administra
sagement et pieusement son diocèse pendant trente années ». —
L'évêché de Comminges était un de ces dix sièges suffragants du
siège d'Auch et c'est pour cette raison que Bertrand fut sacré dans la
cathédrale d'Auch.

[2] Tous les albums reproduisent ce remarquable édifice de l'époque
romane. La carte postale, qui en vulgarise le souvenir, porte à
l'arrière-plan une vue de la cathédrale Sainte-Marie de Comminges
avec la ville de Saint-Bertrand, chef-lieu du doyenné de ce nom.

en 1062, et le prélat consécrateur fut Guillaume de Montaut, dont la sœur avait épousé le frère cadet de Bertrand, Odon de L'Isle, seigneur d'Endoufielle. Nulle coïncidence ne pouvait être plus agréable au cœur du nouvel élu. Il est d'ailleurs à présumer que la fête réunit à Auch toute la noblesse du pays et attira de grandes foules.

« Cette cérémonie étant terminée, continue Vital, Ber-
« trand revint vers l'église de sa cité pour y exercer le
« divin ministère. Il se fit alors un immense concours; la
« joie et l'allégresse étaient égales dans le clergé et dans
« le peuple de son diocèse. Il s'appliqua d'abord avec un
« grand zèle à relever l'église dans la ville haute. Puis il
« l'enrichit de beaux ornements, tels que les exige le culte
« divin. Il construisit un cloître autour de l'église, autant
« que le permit l'exiguité du lieu, entouré de rochers et de
« précipices, et y établit des chanoines soumis à la règle
« de saint Augustin, afin qu'ils s'y acquitassent des fonc-
« tions ecclésiastiques à l'honneur de la religion. » Mais
ce n'est pas tout. « Il n'existait plus de maisons sur la
« montagne, continue Vital, et voilà que, dès l'arrivée de
« notre saint, des familles attirées par ses mérites y construi-
« sirent des habitations pour vivre auprès de lui; et ce lieu,
« qui longtemps avaient été désert, retrouva des habitants. »
Si une foule de ses prédécesseurs n'avaient osé entreprendre de relever les ruines causées par les Francs, les Sarrasins et les Normands, un évêque de la trempe de Bertrand de L'Isle ne pouvait se résigner à se passer de *cathédrale*. Aussi l'un des premiers soucis de notre saint, après son arrivée dans le diocèse, fut-il de mettre la main à l'œuvre pour remplacer l'ancienne église épiscopale par un édifice digne de son zèle et de la majesté de Dieu. La cathédrale de Saint-Bertrand, que nous admirons de nos jours, doit son achèvement au Pape Clément V (Bertrand de Got), qui eut à cœur de compléter l'œuvre de son saint prédécesseur après son élévation sur le siège de saint

Pierre, mais il reste encore de l'œuvre primitive : la façade, une tour carrée, un donjon de défense devenu le clocher, un joli cloître, vrai bijou d'architecture romane, enfin les murs qui longent le cloître. La porte de l'église, avec les douze apôtres sculptés sur le linteau de l'architrave, avec la scène de l'adoration des Mages représentée sur le tympan et les chapiteaux sculptés qui surmontent les colonnes, est un beau spécimen de la sculpture religieuse du XIe siècle. Une ouverture, percée dans le mur du midi de l'église, donne sur le cloître, belle enceinte de vingt-trois mètres de longueur, formée par des galeries ornées d'élégantes colonnades courant autour de l'ancien cimetière des chanoines. Les bâtiments de l'antique Chanoinie ont disparu, l'un après l'autre, dans la suite des temps; mais les puissantes murailles, qui furent bâties par les soins du jeune évêque sur les antiques fondations romaines remontant jusqu'à Sertorius et Pompée, et qui donnent encore aujourd'hui à la haute ville l'aspect d'une fière citadelle, ainsi que les graves et solennelles habitations qu'il fit ériger pour recevoir la population nouvelle, témoignent hautement du zèle qu'il mit à s'acquitter du noble rôle de « défenseur de la cité » (*defensor civitatis*), dont les mœurs et les besoins investissaient les évêques de ce temps.

Mais, hâtons-nous de le dire, cette partie matérielle de sa tâche ne pouvait être la plus importante aux yeux de Bertrand de L'Isle, ni de la plus chère à son cœur. C'est par les prêtres qu'il commença l'œuvre de la restauration religieuse du diocèse. Dans les rangs d'un clergé diocésain, comme nous l'avons dit plus haut, les chanoines occupent une place d'honneur. Ils sont généralement choisis dans une élite et deviennent comme le point de mire des autres clercs. L'archidiacre de Saint-Etienne de Toulouse[1] con-

---

[1] Saint Bertrand conserva les titres de chanoine et d'archidiacre de Toulouse même après son élévation à l'épiscopat.

naissait par son expérience personnelle l'heureuse influence qu'ils pouvaient exercer sur le clergé. Aussi s'empressa-t-il de soumettre le chapitre de son église à l'observance de la règle de saint Augustin. La vie en commun, qu'il leur imposa, s'étendait à tout : à l'habitation, à la table, au travail, à la prière canoniale. Il appréciait si bien ces avantages qu'il voulut partager leur vie, et suivre les exercices de la communauté, tout le temps que le ministère épiscopal ne l'appellerait pas au dehors. Sa préoccupation constante fut de rivaliser de régularité avec les plus fervents, comme il l'avait fait à Toulouse. Un des moyens les plus efficaces, qu'il mit en œuvre pour animer leur ferveur, fut de donner un éclat inaccoutumé aux cérémonies et aux fêtes religieuses. Il exerça sur eux un tel ascendant qu'il en fit les modèles du clergé, et de puissants auxiliaires de son ministére pastoral.

Nous ne saurions oublier de dire que le saint Evêque trouva un généreux appui de ses œuvres diocésaines dans le comte de Comminges, Bernard III, qui ne résidait pas dans la ville épiscopale, mais qui entretenait avec lui les relations les plus amicales. Un autre seigneur de l'époque, Sanche Ier, fils de Ramire, roi d'Aragon, et souverain des *Quatre Vallées* (Aure, Neste, Barousse et Magnoac) l'aida puissamment pour la reconstruction de sa cathédrale, et mérita d'être enseveli dans le cloître, où l'on voit encore sa tombe, placée sous une belle arcature, et recouverte d'une pierre qui le représente sous la figure d'un guerrier, reposant, les mains jointes et armé de toutes pièces, dans le sommeil de la mort.

Un autre sujet de préoccupation pour saint Bertrand fut la défense des intérêts matériels des églises et des maisons religieuses. En Comminges, comme presque partout à cette époque, de graves abus s'étaient glissés dans l'administration de ces biens. L'ambition d'un grand nombre de seigneurs temporels les avait poussés à de sacrilèges ingérences dans l'administration des monastères pour faire servir à leur profit l'influence qu'ils avaient sur le peuple, tandis que la cupidité les amenait à s'emparer des biens de ces maisons et des églises, et à les considérer comme une partie de leur patrimoine, dont ils pouvaient disposer à leur gré. Peu d'années auparavant, l'archevêque d'Auch, saint Austinde, mort en 1068, avait donné un éclatant exemple de fermeté épiscopale en réprimant les abus commis sur ce point par les grands feudataires des comtés de Fezensac, d'Astarac et d'Armagnac. Fort de cet exemple, et des anathèmes fulminés par les papes et les conciles contre les sacrilèges usurpateurs des biens d'Eglise, Bertrand de L'Isle sévit avec tant d'autorité contre ceux de son diocèse, que le pays de Comminges, pendant les cinquante années de son épiscopat, parut beaucoup moins infecté de cette plaie que toutes les régions d'alentour.

L'œuvre principale du saint Evêque fut la rénovation partielle du diocèse que Dieu et l'Eglise lui avaient confié. Persuadé que le premier de ses devoirs était de se mettre en relation avec ses diocésains pour les amener à Dieu, il ne tarda pas à inaugurer le cours de ses visites pastorales, qui ne devaient finir qu'avec sa vie. Dans un pays accidenté et en partie couvert de montagnes, comme le Comminges, les difficultés ne manquaient certes pas. « Cependant, nous dit l'ancien Bréviaire, quoique une bonne « partie des paroisses à visiter soient situées dans des « lieux impraticables, Bertrand ne laisse pas de s'y trans- « porter. Vrai soleil de son diocèse, il porte partout la « lumière de la doctrine avec la chaleur de la piété. On « voit ce saint d'une si haute naissance affronter la rigueur « des saisons, la furie des torrents, l'âpreté des climats, la « rudesse des peuples; marcher dans des lieux inaccessibles « sans véhicule; voler avec les ailes de la charité sur les « plus hautes montagnes pour porter à des hommes incul- « tes le tribut de l'instruction et de l'aumône... Il croit

« que, aprés les voyages que Jésus-Christ a faits sur la
« terre, aucun chemin ne doit paraître rude à un pasteur,
« chargé des brebis égarées qu'il est venu chercher. S'il
« arrive tout épuisé dans les églises, il prend de nou-
« velles forces dans l'oraison; et, sans autre délai, il
« annonce l'Evangile aux pauvres, il confesse, il administre
« les sacrements, il donne des règlements pour le service
« divin ou la décoration des églises; et toujours il travaille
« comme s'il avait plusieurs corps, ou plutôt comme s'il
« n'en avait aucun. »

Le saint évêque ne se contentait pas de se rendre dans les
paroisses de son diocèse à intervalles fixes et réguliers. En
dehors de ces visites périodiques, il s'empressait d'accourir
toutes les fois qu'un événement d'une certaine importance
venait à se produire dans l'une d'elles, toutes les fois surtout qu'il y avait quelque droit à défendre, ou quelque
infortune à secourir, réalisant ainsi la parole de saint Paul :
« Quel est celui d'entre vous qui souffre d'un mal quel-
« conque sans que je souffre avec lui ?» Et il en sera ainsi
jusqu'à la fin. Durant cinquante ans et plus, on verra ce
pasteur modèle sillonner son diocèse dans tous les sens,
afin de ne laisser aucune de ses ouailles en détresse. Rien
ne l'arrêtera, ni les mauvais chemins, ni les distances, ni
les privations, ni le déclin des forces, ni l'épuisement de la
vieillesse. Monté sur une mule, accompagné d'une modeste
escorte, on le verra dépenser sans calcul son temps et ses
forces, et mourir les armes à la main.

Une vie pastorale si parfaite ne pouvait manquer
d'appeler d'une manière manifeste les bénédictions de
Dieu. La tradition a conservé le souvenir d'un grand nombre de miracles, opérés par le saint évêque dans le cours de
ses tournées pastorales. Vital en cite plusieurs dans son
écrit, en se plaignant de ce que le temps lui fait défaut
pour en raconter un plus grand nombre. Contentons-nous
de rappeler le suivant, qui se passa dans une des plus

hautes vallées du diocèse, en un lieu, où, remarque Vital, on trouvait difficilement du vin.

Accueilli comme un père par ses enfants dans une maison hospitalière de la contrée. il fut frappé de la discrète inquiétude de ses hôtes pendant que se préparait le repas. « Qu'avez-vous donc ? leur dit-il affectueusement. Vous « paraissez soucieux ! » — « Nous le sommes en effet ; « nous n'avons pas de vin à vous offrir ; celui qui nous « reste au fond d'un tonneau est tellement trouble qu'il « est impossible de le servir ». Emu de la confusion de ces braves gens, le bon évêque se met en prière, et asperge d'eau bénite le tonneau auprès duquel on l'a conduit. O prodige ! Un miracle, qui rappelle celui de Cana, s'accomplit à l'instant. A la prière du pieux pontife, le tonneau se remplit d'un vin exquis : « Par suite de cette bénédiction miraculeuse, ajoute Vital, le tonneau se trouva tellement plein que le vin alla jusqu'à déborder et à se répandre sur le sol. » Ce miracle eut un si grand retentissement qu'on l'a fait représenter dans les peintures murales du tombeau de saint Bertrand.

§ VI. — Quelques faits saillants du ministère de saint Bertrand.

Dans son désir de réaliser en toute vérité l'idéal d'un bon pasteur, Bertrand semble avoir pris pour devise la profonde parole de saint Paul : « *Instaurare omnia in Christo* tout restaurer dans le Christ » et cette grande œuvre, il la fit par lui-même dans la pleine mesure de ses forces, dévoué de toute son âme à tout ce qui pouvait affermir la foi et développer la piété dans le cœur de ses diocésains.

Une des formes de l'apostolat, qui lui fut particulièrement chère, est le culte des saints. Dans les siècles qui avaient précédé sa venue dans le Comminges, Dieu avait enrichi le diocèse de toute une pléiade de Bienheureux. C'est

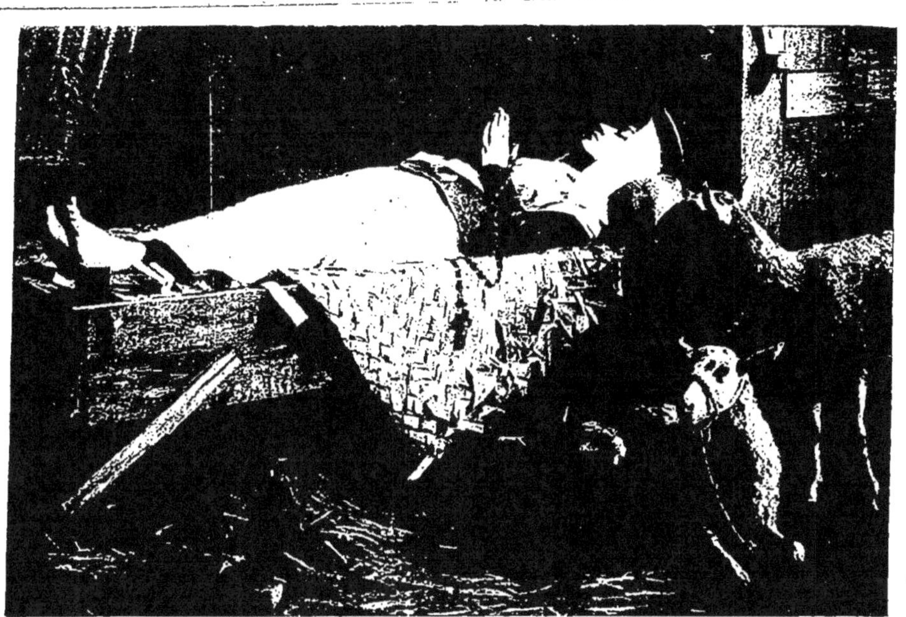

LA MORT DE SAINTE GERMAINE (15 juin 1601).

d'abord l'évêque martyr, que Sidoine Appolinaire signale dans ses écrits, en oubliant de nous donner son nom, et qui versa son sang en témoignage de la foi chrétienne au milieu du Ve siècle. Moins de cent ans après, en 540, c'est un autre évêque, *saint Affrique*, qui subit de cruels tourments de la part des persécuteurs·de l'Eglise, mais qui, miraculeusement relevé de ses blessures, alla glorieusement remplir les fonctions épiscopales dans la ville du Rouergue à laquelle il a laissé son nom. Citons encore le jeune martyr *Gaudens* qui a donné son nom au chef-lieu du Nébouzan; *saint Mercurial* et *saint Misselin* en pays d'Aure; *saint Frajou* et *saint Sabin*, sur les bords de la Save; et dans les murs de l'antique cité romaine d'Angonia, une phalange si nombreuse de Bienheureux que la cité échangea son nom contre celui de *Martres*, ou *ville des martyrs* (Martres-Tolosane).

Dans cet ordre de choses, une grande joie fut ménagée à saint Bertrand dès les premières années de son épiscopat : *l'invention des reliques de saint Aventin*. Né dans le modeste village qui porte son nom, à l'entrée de la vallée de Larboust, Aventin vivait dans les premières années du ixe siècle. Epris de bonne heure des charmes de la vie érémitique, il s'était installé au fond d'un vallon désert, non loin du célèbre lac d'Oo, dans un pauvre ermitage construit de ses mains, pour se donner tout entier à la pénitence et à la prière. La renommée de ses vertus attira à lui un si grand concours de peuple que les Sarrasins, qui avaient envahi la contrée, persuadés que, par ses prédications et ses exemples, il était l'âme de la résistance qu'on leur opposait, s'emparèrent de lui et le massacrèrent. La légende ajoute que le jeune martyr, décapité, reprit sa tête dans ses mains et la transporta à deux cents pas de là, sur une place où il tomba pour ne plus se relever, et où la piété des fidèles creusa son tombeau. Après trois longs siècles, le souvenir exact du lieu où reposait la dépouille du glorieux martyr était perdu, quand des circonstances miraculeuses le firent reconnaître. Alors averti de la précieuse découverte, Bertrand se rendit aussitôt sur les lieux, accompagné de plusieurs membres de son chapitre. A la suite d'une sérieuse enquête, d'où résulta l'authenticité des reliques, il recueillit de ses propres mains les ossements du martyr, et les fit transporter, avec tout l'appareil d'une cérémonie triomphale, dans un oratoire de la Sainte Vierge, situé près de la basilique actuelle, et non loin de la maison paternelle d'Aventin. Puis, non content de ces premiers honneurs rendus au saint Martyr, il jeta les fondements d'une basilique plus digne de lui et du diocèse, c'est la superbe église dont les clochers frappent encore de nos jours d'une façon si inattendue les regards des voyageurs, qui se rendent à Bagnères ou au lac d'Oo par le col de Peyrecourbe.

Bertrand aurait aimé rendre les mêmes honneurs aux autres martyrs de son diocèse; mais, ne pouvant élever à chacun d'eux une grande basilique comme à saint Aventin, il s'employa du moins à entretenir leurs tombeaux et à orner leurs sanctuaires. Grâce à sa vive impulsion et à ses généreux subsides, toute une magnifique floraison d'églises et de monuments religieux surgit de terre dans le pays de Comminges durant les années de son épiscopat. Plusieurs subsistent encore, et sont de précieux restes de l'art roman.

Un des pèlerinages qu'il aima entre tous, est celui de *Sarrancolin*, où l'attiraient les restes mortels d'un saint pontife, décédé en 1104 dans sa ville épiscopale de Lyon de Comminges. Ce prélat est l'évêque de Barbastre en Espagne, aquitain de naissance, que la renommée des vertus de notre Bienheureux avait décidé à lui faire visite, à son retour de Rome, où il était allé pour régler les affaires de son diocèse. Une grave maladie ayant surpris *Ebons* pendant son séjour dans le Comminges, le pieux voyageur y rendit le dernier soupir, assisté de Bertrand, dans les sentiments de la plus angélique ferveur. Suivant le suprême désir exprimé par le vénérable mourant, son corps fut transporté et enseveli dans le monastère bénédictin de Sarrancolin. De nombreux miracles ayant éclaté autour de sa tombe, des foules nombreuses s'y donnèrent rendez-vous, et lui rendirent un culte religieux, que l'Eglise approuva et qui dure encore de nos jours. Pour répondre à la vénération publique, saint Bertrand fit élever sur cette tombe une basilique, qui malheureusement fut incendiée en 1141, et dut céder la place à l'église actuelle. Mais c'est surtout sous la forme de pèlerinage que se traduisit la piété filiale de Bertrand envers le saint évêque. Une de ses meilleures joies était d'aller passer quelques jours à Sarrancolin, et d'y vivre, auprès des religieux de saint Benoît, de cette vie de règle, qui s'harmonisait parfaitement avec ses goûts, et que les incessants travaux de son épiscopat lui faisaient vivement regretter [1].

Il ne parait pas que beaucoup de foyers religieux aient été fondés par lui dans son diocèse. Les monastères de *Saint-Béat*, de *Saint-Frajou*, de *Peyrissas* et de *Sarrancolin* existaient avant sa venue dans le pays, de même que les collégiales de *Saint-Martory*, de *Cazeneuve* et de *Saint-Gaudens*. Quant aux célèbres abbayes de Bonnefont, de Fabas et de Nizors, elles ne devaient être fondées que quelques années après sa mort. Par contre, c'est dans les dernières années années de son épiscopat que surgirent les couvents des chevaliers de Saint-Jean de Jérusalem : *Aragnouet*, dans la vallée d'Aure, *Frontès-Joucou* en face du Port de Venasque ; *Azet*, à l'extrémité de la vallée de Louron. Ces maisons hospitalières étaient, comme on le sait, mi-partie religieuses et mi-partie militaires. Leur principale mission était la garde des hauts passages des Pyrénées, et la défense des routes qui y aboutissent. En ces régions déser-

---

[1] L'abbaye de Sarrancolin était une fille de celle de Simorre (Gers). Voir son histoire et la liste des Prieurs dans BRUGÈLES, pp. 232-247.

tes, où les voyageurs avaient tout à redouter des attaques des Maures et des malandrins, ces moines chevaliers, dont la bure recouvrait la cotte de mailles, rendirent, au cours du Moyen Age, les services les plus signalés, et personne ne les apprécia mieux que saint Bertrand, dévoué aux intérêts temporels de ses diocésains comme à leurs intérêts spirituels.

VII. — Comte de la Cité. — Son administration. — Evénements auxquels il est mêlé.

Les évêques commingeois portaient le titre nobiliaire de *comtes* ; ils en exerçaient les charges, comme ils en possédaient les privilèges. Cet honneur leur venait de Clovis qui, après la bataille de Vouillé (507), avait voulu récompenser ainsi la vive résistance que la cité des Convènes avait opposée aux armées wisigothes d'Alaric qu'il combattait. « Il est bon de savoir, écrit Vital, que le très « clément roi de France, après avoir délivré la ville de la « tyrannie furieuse des païens, la purgea des souillures « qu'elles avait reçues, et la décora des insignes royales, « tant la ville basse que la ville haute. Pour comble « d'honneur, il voulut que l'évêque fût, de droit royal, « *comte de Lugdunum* (Lyon des Convènes) et commandât « à tous, nobles et vilains. »

Mais si ce privilège comtal donnait une importance exceptionnelle au siège épiscopal du Comminges, il entraînait à sa suite de graves responsabilités pour son titulaire. Comment, en effet, concilier les droits de justice avec le rôle de charité imposé à l'évêque par son caractère sacré ? Comment faire œuvre de puissance séculière quand on est, par état, voué à un ministère de miséricorde et de douceur ? Il fallait, pour cela, des aptitudes particulières et des grâces d'état. Le noble rejeton des sires de L'Isle ne manquait ni des unes, ni des autres. Dans une délicate mission il apportait à la fois les lumières que donne l'éducation reçue et celles de la sainteté. Aussi, Vital a-t-il pu écrire : « Bertrand, puissant en œuvres, gouvernait avec « prudence, par sa parole, son esprit et sa vie le peuple « que l'éclat de ses vertus lui avait fait confier, et il gué- « rissait miraculeusement les maux de ses sujets ». Renseignement bien concis assurément, mais qui, dans sa brièveté, renferme l'éloge le plus complet d'un sage administrateur. C'est la réalisation de cette profonde parole de nos Saints Livres : « La miséricorde et la vérité se sont donné rendez-vous; la justice et la paix se sont embrassées. »

Bertrand de L'Isle avait du reste, pour rendre la justice, deux auxiliaires qui manquent à bien des juges : l'assistance de Dieu et l'autorité du miracle. Vital rapporte plusieurs prodiges qui se rapportent à cet ordre des faits. « Un jour, raconte-t-il, une malheureuse femme, aban- « donnée par son séducteur, vint trouver l'homme de « Dieu pour lui demander justice. Prosternée à ses pieds, « elle lui dit : *O bon père, je suis une infortunée que la* « *misère a conduite au désordre. J'ai mis au monde un* « *enfant que vous voyez devant vous. Or, je manque de tout* « *et ne puis le nourrir. Ordonnez au coupable de me venir* « *en aide par pitié pour son enfant.* » Emu de compassion, « Bertrand mande l'accusé devant lui; et, ce misérable « niant obstinément son crime, il se fait apporter un vase « d'eau froide. bénit l'eau, y met une pierre et dit à cet « homme : *Au nom de Jésus-Christ, retire cette pierre du* « *vase que je te présente, nous allons voir si tu es inno-* « *cent ou coupable.* Plein d'une folle audace, le malheureux « plonge sa main dans l'eau pour en retirer la pierre; mais « aussitôt il pousse un cri de douleur, et son bras paraît « rouge et brûlé comme s'il sortait d'un liquide bouillant. « Forcé par un tel prodige, le coupable avoue sa faute et se « charge de l'entretien de la mère et de l'enfant. »

La sagesse du saint évêque et l'appui manifeste que le ciel lui donnait, finirent par rendre les désordres et les violences de plus en plus rares dans son diocèse. A défaut de conscience, les plus pervers ne pouvaient s'empêcher de redouter les châtiments qu'il avait la puissance d'appeler sur leur tête; la crainte devenait ainsi pour eux le commencement de la sagesse.

L'histoire locale ne nous a pas transmis les règlements d'administration publique dont Bertrand dota sa ville épiscopale; mais nous savons qu'il partageait volontiers le gouvernement de la cité avec la jurade et trois consuls, choisis parmi les hommes les plus éclairés de la ville, leur abandonnant, sous le contrôle du chapitre, le privilège de *moyenne et basse justice,* mais veillant de haut à ce qu'un parfait esprit d'équité présidât à leurs décisions. Son rôle à lui était par excellence celui de *magistrat conciliateur.*

On se ferait une idée très incomplète du rôle joué par un évêque au XI° siècle, si on se contentait de le suivre dans les fonctions de son ministère sacré, et même dans les fonctions civiles circonscrites dans son diocèse. Au Moyen-Age, les évêques ne demeuraient étrangers à aucune manifestation de la vie populaire tant dans l'ordre civil que dans l'ordre politique. Les hommes les plus acharnés à dire aujourd'hui que l'Eglise a fait son temps, sont forcés de reconnaître qu'elle a rendu alors les plus éminents services, que c'est à elle qu'il faut faire remonter, comme à sa source, la civilisation moderne dont nous sommes si fiers. Par l'illustration de sa naissance, par sa grande fortune, par son expérience des hommes et des choses, par sa haute réputation de sagesse et de sainteté, Bertrand de L'Isle ne pouvait manquer de prendre sa part dans les événements de son époque. De son temps s'ébauchait, dans les couches profondes du peuple, comme aux sommets de la société, un lent et sourd travail de transformation sociale, plein de magnifiques promesses. Un courant nouveau de vie religieuse se faisait sentir de toute part, s'épanouissait d'une manière puissante, et engendrait ces deux institutions sublimes qu'on appelle les *grands Ordres Monastiques* et les *Croisades.*

En même temps, le peuple prenait sensiblement conscience de lui-même, de ses droits, de sa personnalité. Orienté vers une sage indépendance vis-à-vis de la féodalité, et même de l'autorité royale, ce mouvement, généralisé, devait bientôt se traduire par les premiers essais de *l'affranchissement des Communes,* et par l'obtention plus ou moins étendue d'importantes coutumes locales, consignées dans les documents historiques qu'un grand nombre de villes nous ont légués. L'admirable XIII° siècle allait sortir de ce travail si élevé et si fécond. Un monde nouveau se préparait à venir, et c'était l'Eglise qui le pétrissait de ses mains puissantes, qui le berçait sur son sein maternel, et qui la saturait des bienfaits de sa sagesse et de sa charité.

Le saint évêque du Comminges, inspiré par son ardent amour de Dieu et des hommes, entra de bonne heure dans un mouvement social qui devait avoir pour résultat le bien-être des peuples et la sanctification des âmes. L'histoire nous a conservé le souvenir d'un fait mémorable, qui témoigne hautement de la sollicitude que lui inspiraient les intérêts de son troupeau. « Durant la vie du Bien-
« heureux, lisons-nous dans l'ancien Bréviaire du Com-
« minges, tandis qu'il gouvernait très saintement le peuple
« confié à ses soins, la guerre éclata entre Sanche de la
« Barthe, comte de Comminges, et Centulle II, comte de
« Bigorre. Victorieuses, les troupes de ce dernier portèrent
« leurs ravages jusqu'aux alentours de la ville épiscopale
« de Lyon des Convènes, les moissons étaient détruites,
« les troupeaux enlevés de force. Un immense butin, embras-
« sant jusqu'aux animaux de labour et aux choses les plus
« nécessaires à la vie des habitants, allait prendre le che-
« min du vainqueur, laissant les Commingeois dans une

« désolante misère. Emu jusqu'au fond des entrailles
« par le malheur des siens, le saint évêque résolut d'aller
« trouver le chef de l'armée ennemie, le redoutable Sancius
« Parra de Olcia dont la rudesse et la cruauté répandaient
« partout la terreur. Il l'aborda, les yeux pleins de larmes,
« et le supplia de rendre à son peuple le butin enlevé.
« Demeuré sourd aux supplications des malheureuses
« victimes de ses ravages, l'impitoyable général se montre
« inflexible à l'évêque. » Alors, Bertrand s'écrie, poussé
« par une inspiration du ciel : *Sanche, ne rejette pas la*
« *prière que je t'adresse au nom de Dieu. Un jour viendra*
« *où tu seras toi-même dans la détresse. Tu imploreras le*
« *secours d'en haut et c'est moi-même qui viendrai te délivrer*
« *de la part du Seigneur.* A ces mots, subjugué par
« l'ascendant du saint pontife, Sanche se sent frappé
« d'une mystérieuse terreur. Il s'incline, respectueux et
« soumis, sous l'appel de Bertrand, et commande à ses
« soldats de remettre tout le fruit de leurs rapines entre
« ses mains ».

Ce trait n'est qu'un épisode dans l'histoire de notre
Saint. Défenseur infatigable des intérêts de son peuple au
milieu des orages politiques qui grondaient de toute part,
il était l'âme d'une campagne d'organisation et de défense
qui leur épargnait des avanies de toute sorte. Il recueillait
des subsides, il provoquait des donations, il équipait des
troupes pour écarter de ses diocésains les périls qui les
menaçaient, réalisant ainsi l'idéal de l'évêque au Moyen-
Age, n'ayant rien du mercenaire qui fuit à la vue du
danger, mais pasteur d'un dévouement sans limites, prêt à
tous les sacrifices pour leur assurer les bienfaits de la
justice et de la paix.

VIII. — Apostolat de Bertrand en dehors de son diocèse.

Vital, dans la Vie de Bertrand de L'Isle, ne parle que du
zèle et de la sagesse qu'il déploya dans l'administration de

son diocèse, et laisse complètement dans l'ombre son inter-
vention dans une multitude d'affaires, qui l'appelèrent en
dehors du pays de Comminges, et où son entremise produisit les plus heureux résultats. Nous en trouvons le
témoignage dans un grand nombre de documents historiques d'une valeur incontestable. Mandé souvent dans des
diocèses étrangers pour aider au règlement d'affaires épi-
neuses, il s'acquitta de sa mission à la satisfaction de tous,
grâce à son esprit de conciliation et à la haute autorité
dont il jouissait. En diverses circonstances, les Souverains
Pontifes lui confièrent des missions délicates. Visiblement
il recevait des lumières particulières pour les mener à
bonne fin; et, si parfois ses décisions se heurtaient à des
résistances coupables, le ciel lui-même intervenait pour
l'aider à les vaincre. Nous en avons une preuve frappante
dans le fait suivant, reproduit dans les peintures qui
décorent son tombeau, et rapporté dans l'ancien Bréviaire
des Comminges.

Sous Hébrard, huitième abbé de Saint-Savin, une grave
querelle s'éleva entre les habitants de la vallée d'Aspe et
ceux de la vallée d'Azun. Les Azunois s'étant livrés aux
pires excès, les Aspois en appelèrent au Pape, et celui-ci
délégua l'évêque de Lyon des Convènes pour rétablir la
paix. Bertrand s'empressa de se rendre auprès des Azunois
pour les déterminer à réparer leurs injustices; mais ni la
prière, ni les menaces ne purent avoir raison de leur
orgueilleuse résistance. Ils en vinrent même jusqu'à répondre aux sollicitations du légat pontifical par de sanglantes
injures. Profondément attristé, Bertrand dut se résigner à
lancer l'interdit contre les coupables. Mais, ô prodige inat-
tendu, la censure papale n'atteignit pas seulement les
âmes; elle eut une répercussion sur les choses temporelles
elles-mêmes. Tout le temps que dura l'interdit, c'est-à-dire
pendant cinq années, une stérilité complète, accompagnée
d'autres fléaux, frappa la vallée d'Azun tout entière, et ne

cessa que lorsque les Azunois se furent engagés à réparer
leurs injustices par un contrat solennel. Tous les ans,
jusqu'à la grande Révolution, une délégation du chapitre
commingeois se rendait à Arrens, chef-lieu de la vallée
d'Azun, le jour de la Pentecôte, pour commémorer ce prodige éclatant et recevoir un certain tribut.

Un jour, un grave litige appela Bertrand dans la ville
d'Auch. Des contestations opiniâtres s'étaient élevées entre
les chanoines de Sainte-Marie et les bénédictins du Prieuré
de Saint-Orens, au sujet d'un cimetière établi dans le
cloître de la Chanoinie. A l'origine, Auch n'avait qu'un
cimetière unique, celui du monastère orientain. Quand
l'archevêque Raimond de Fezensac, dit Copa, établit un
nouveau cimetière près de la cathédrale, les religieux de
Saint-Orens se prétendirent lésés dans leurs droits, et
n'hésitèrent pas à recourir à des mesures de violence pendant plus d'un demi-siècle. En l'année 1119, le différend
avait été porté devant le pape Calixte II, qui venait de
monter sur le siège de Rome, et qui condamna les préten-
tions des moines par un Bref que l'évêque de Lyon des
Convènes fut chargé de leur signifier. L'archevêque d'Auch
était alors Bernard d'Astarac, dit de Sainte-Christie. Bertrand, malgré son âge avancé (il avait quatre-vingts ans
environ), se rendit auprès de lui pour s'acquitter de sa
mission. Il assista (29 avril 1120) à la bénédiction du nouveau cimetière par son métropolitain, qu'accompagnait un
nombreux clergé[1]. Les moines de Saint-Orens persistant
dans leur révolte, Bertrand se joignit, peu de jours après,
aux Pères d'un concile tenu à Toulouse, sous la présidence

---

[1] Ce même jour, Bernard d'Astarac procéda à la consécration de
l'autel des deux saints Jean (Jean-Baptiste et Jean-Marie ou l'Évan-
giste) en présence de plusieurs évêques de la province, parmi lesquels
saint Bertrand avait la joie de voir son neveu, Guillaume de L'Isle
d'Endoufielle, alors évêque de Lectoure.

d'un légat du Pape, pour flétrir leur conduite scandaleuse et les réduire au silence [1].

Quelques années auparavant, le roi de France, Philippe Ier (1066-1108), causait un scandale retentissant en répudiant Berthe, sa légitime épouse, et en vivant dans l'inceste avec Bertrade. Dès la première heure, le saint pape Grégoire VII avait protesté contre cette immoralité, et, le roi s'obstinant dans le crime, il avait adressé aux évêques de France une lettre vigoureuse pour venger la morale chrétienne en flétrissant sa conduite. Les liens du sang le rapprochant du coupable qui était fils de son propre cousin, Bertrand lui adressa de respectueuses mais pressantes remontrances, comme parent et comme évêque; et comme le roi refusait de s'incliner devant la sentence pontificale, Bertrand n'hésita pas à remplir son devoir d'évêque jusqu'au bout. Il se rendit au concile d'Autun en 1094, et plus tard au concile de Poitiers (1100), et il signa avec les autres prélats le décret d'excommunication de ce prince, au risque même de sa vie. L'exaspération de Philippe était telle qu'on avait tout à craindre de lui; de sorte que, comme on l'a très bien dit, condamner le roi de France, c'était, de la part de l'évêque de Comminges, appeler particulièrement sur lui le poids de sa colère, en même temps que condamner son propre sang.

On touchait alors aux dernières années du XIe siècle, et ce siècle si tourmenté ne devait pas se clore sans voir s'accomplir l'un des événements les plus importants de l'histoire, mais peut-être le plus incompris de nos jours : la *première croisade*. Depuis longtemps venaient de la Terre-Sainte les nouvelles les plus navrantes et les plus humiliantes pour le monde chrétien. Les sectateurs de Mahomet étaient les maîtres de Jérusalem et du Saint Sépulcre; les populations chrétiennes de la Syrie et de la Palestine

[1] Ces détails sont donnés par le Cartulaire d'Auch.

subissaient les traitements les plus cruels de la part des infidèles. Les pélerins qui osaient affronter le péril de la visite des Lieux saints étaient rançonnés et massacrés. Plusieurs papes, soucieux de l'honneur de Dieu et de l'Église, avaient tenté de soulever les chrétiens d'Occident pour la délivrance de Jérusalem sans pouvoir y réussir, lorsqu'enfin surgirent des messagers providentiels pour la réalisation de cette sublime entreprise. Ce furent le pape français Urbain II au concile de Clermont (1095) et Pierre l'Ermite dans le Nord de la France et une partie de l'Europe. Les peuples s'émurent à leur voix. L'armée féodale, commandée par Godefroy de Bouillon, se mit en marche à la fin de 1096 et parvint à Jérusalem en 1099, après des alternatives de victoires et de défaites sanglantes. Le 15 juillet, la ville fut emportée d'assaut. Godefroy, élu roi de Jérusalem, prit le titre de *Baron du Saint-Sépulcre*. Des ordres militaires furent fondés pour la défense du nouveau royaume et la protection des Lieux Saints. C'était un triomphe de la foi tel qu'il ne s'en était jamais produit de plus consolant et de plus glorieux dans les siècles passés.

L'émotion causée dans le monde chrétien par cette expédition sacrée ne pouvait manquer de trouver un puissant écho dans l'âme de Bertrand de L'Isle. Il ne pouvait prendre part personnellement à la croisade, mais il en suivait de cœur les péripéties ardentes et il s'employait de tout son pouvoir à en seconder les efforts. Il accompagnait par la pensée ses frères, Raimond de L'Isle et Odon, seigneur d'Endoufielle, avec ses nobles parents, les comtes d'Auvergne, de Provence, de Toulouse, et la phalange d'intrépides chevaliers languedociens et gascons rangés sous la bannière et la croix comtale de Toulouse.

Les sympathies de Bertrand pour cette grande entreprise se traduisirent dès la première heure par un concours matériel des plus généreux. Non content de pousser un bon nombre de chevaliers à prendre la croix, il leva lui-même, sur les terres dont il était suzerain, une nombreuse troupe d'hommes d'armes qu'il enrôla sous la bannière de leur suzerain Roger, comte de Comminges, après les avoir équipés à ses frais ou à l'aide de donations qu'il provoquait. Cette vaillante légion commingeoise prit rang dans la brillante armée du comte de Toulouse, Raimond IV, cousin germain des seigneurs de L'Isle, armée qui ne comprenait pas moins de cent mille hommes, et qui fit des prodiges de valeur à la bataille d'Antioche. Bertrand trouva une des meilleures récompenses de son dévouement dans la part glorieuse que les membres de sa famille prirent à la croisade. Un brillant fait d'armes, accompli par son frère Raimond devant Césarée, valut à l'armée chrétienne un riche butin de mille chevaux, enlevés à l'ennemi. La vaillante épouse du sire de L'Isle l'ayant suivi en Palestine c'est là que lui naquit un fils qui fut baptisé, comme autrefois Notre-Seigneur Jésus-Christ, dans l'eau du Jourdain, et à qui fut donné le nom de ce fleuve, qu'il fit passer lui-même à ses descendants et à sa cité seigneuriale nommée depuis lors *L'Isle-Jourdain* [1].

[1] Le blason des sires de L'Isle ne comprenait autrefois que la croix comtale de Toulouse sur fond rouge et se lisait : *de gueules à la croix d'or, vidée, cléchée et pommettée de même.* Telles étaient donc les armes de notre Saint. Au XVe siècle, quand les fameux comtes d'Armagnac eurent acheté le comté de L'Isle-Jourdain et firent du château ancestral de saint Bertrand léur résidence préférée, la villa écartela ses vieilles armoiries avec le blason armagnacais, qui est lui-même écartelé de Fezensac et de Rodez. On sait que la maison d'Armagnac est une branche cadette de la maison comtale de Fezensac. Jusqu'au XIVe siècle, les comtes d'Armagnac conservèrent l'antique lion rouge fezensagais en champ d'argent, tel qu'on le voit encore dans les armoiries de la ville d'Auch, capitale du pays de Fezensac. Ayant hérité de la couronne comtale de Rodez par un mariage, ils ajoutèrent alors le léopard rodézien au lion rouge de leurs ancêtres. Cf. SAVERNE, *L'Isle-en-Jourdain, son histoire*, 1914. Nous sommes très obligé envers l'auteur de cet important volume de près de 400 pages, qui a bien voulu nous prêter deux des clichés qui illustrent cette Vie de saint Bertrand.

A cette question de la croisade se rattache une histoire
dont nous devons dire un mot; nous voulons parler du
célèbre *crocodile*, dont on peut voir encore la dépouille
appendue au mur de la cathédrale de Saint-Bertrand de
Comminges, et qui a été de tout temps l'objet des commen-
taires les plus divers. L'imagination aidant, le peuple
commingeois a cru, et croit encore que ce crocodile avait
établi sa demeure dans les étangs, aux bords escarpés, qui
s'étendaient dans la plaine de Valcabrère, et qu'il sortait

Armoiries de L'Isle-Jourdain.

de là pour assouvir sa faim en dévorant hommes, enfants,
femmes et bestiaux. Bertrand serait allé le surprendre en
son gîte, à la prière du peuple, et lui aurait donné la mort.
Mais la présence d'un pareil monstre en ces lieux est tellement invraisemblable que nous aimons mieux nous en
tenir à l'opinion de ceux, qui pensent que la dépouille de
ce monstre fut apportée d'Orient par un croisé, ami ou
parent du Bienheureux, et fut suspendu par lui à la voûte
de la basilique, à titre d'*ex-voto* ou de simple souvenir.

IX. — Dernières années. — Mort de saint Bertrand
(16 octobre 1123).

Cependant Bertrand de L'Isle était devenu octogénaire. Les soucis du ministère pastoral et les austérités avaient blanchi sa tête; le déclin de ses forces annonçait sa fin prochaine. Tout près de lui, naguère encore, un témoin attristé de ce dépérissement progressif multipliait les plus affectueuses instances pour l'engager à prendre les ménagements nécessaires à son grand âge. Mais le saint vieillard s'était contenté de sourire; il avait poursuivi toujours sa tâche avec une ardeur que rien ne pouvait contenir. Ce témoin était le fils de son frère, le jeune évêque de Lectoure et d'Auch, Guillaume d'Endoufielle. On se rappelle que Bertrand avait retiré auprès de lui son neveu et dirigé son éducation et ses études. Tout jeune, Guillaume avait embrassé la règle des Augustins à Saint-Etienne de Toulouse. Il voyait son oncle exténuer son corps par les pratiques de la plus austère pénitence : *corpus cilicii asperitate et continuis jejuniis severius in dies coercebat.* Sa sollicitude affectueuse à l'égard de cet oncle vénéré était d'autant plus grande qu'il appréciait par dessus tout le bonheur de vivre à l'école d'une si haute sainteté. S'il pût occuper plus tard avec tant de distinction le siège métropolitain d'Auch[1], c'est, pour une bonne part, à la formation qu'il avait reçue à l'évêché de Lyon de Comminges qu'il le dût. Aussi, quand le moment d'instruire le procès de

---

[1] Son épiscopat, un des plus longs qu'ait connus l'église d'Auch, fut fécond en fondations religieuses. C'est à la piété et au zèle de ce pontife que nous devons les abbayes Fontevristes du Brouilh, de Vopillon et de Boulaur; celles de Lacaze-Dieu et de Vic-Fezensac de l'ordre des Prémontrés: celle de Berdoues, de Flaran, de Bouillas et de Gimont de l'ordre de Cîteaux. C'est alors aussi que se multiplièrent dans le diocèse les ordres militaires du Temple et de Saint-Jean de Jérusalem. (Cf. DEGERT, *Revue de Gascogne*, Auch, 1921.)

canonisation sera venu, sa déposition aura-t-elle une autorité supérieure à celle de toutes les autres. Mais quelles que fussent les industries auxquelles il recourait pour modérer le zèle du Saint, il ne pouvait y parvenir. Rien n'arrêtait le vieux pontife dans ses visites pastorales, « ni les hautes montagnes, ni les pentes abruptes, ni les vallées inaccessibles », suivant le texte de l'ancien Bréviaire.

L'an 1123, le cinquantième de son épiscopat, il eut à cœur de faire dans son diocèse une tournée qu'il pressentait devoir être la dernière, et dans laquelle, pour ce motif, il déploya plus d'ardeur que jamais. On était au mois d'octobre. Une fièvre violente se déclara sous l'impression des premiers froids. Dès le début de l'assaut, le Bienheureux sentit que le signal du départ pour un monde meilleur lui était ainsi donné par Dieu. On dut le reconduire en toute hâte à Lyon, dans sa demeure. Une foule énorme informée de son retour, vint à sa rencontre, toute en larmes. C'était, cette fois, comme un cortège funèbre; et ce qui accrut l'émotion populaire sans mesure, c'est que, si on en croit la légende, les cloches de la cathédrale Notre-Dame de Comminges s'ébranlèrent d'elles-mêmes pour sonner le glas funèbre.

« Comprenant, nous dit Vital, que son corps n'avait
« plus qu'un souffle de vie, Bertrand se fit porter sur les
« bras de ses chanoines dans l'église et devant l'autel de
« la Sainte Vierge, patronne de sa cathédrale. Là, cet
« homme, digne d'être loué en toutes choses, et dont les
« désirs tendaient ardemment vers le ciel, absorbé dans la
« contemplation, priait avec ferveur, et se recommandait
« instamment au Seigneur Jésus-Christ et à sa sainte
« Mère. Comme assuré de la couronne qui l'attendait à la
« sortie de ce monde, il se portait plein de joie vers
« l'autre vie. Enfin, après avoir consolé son peuple, l'avoir
« confirmé dans sa doctrine, et lui avoir donné sa béné-
« diction épiscopale, ce saint homme accomplit heureu-

(SAINTE) BONNE D'ARMAGNAC (1434-1457)

RELIGIEUSE CLARISSE

Une lampe brûle perpétuellement devant ce Buste-Reliquaire
dans l'église de Lézignan (Aude).

« sement sa dernière journée, le 17 des calendes de novem-
« bre (16 octobre 1123). » Ainsi mourut saint Bertrand
devant l'autel de Marie qu'il avait aimée durant toute sa
vie de toute l'ardeur de son âme, en remettant dans ses
mains bénies sa houlette de pasteur. Ce dernier geste ne
fut-il pas son plus beau sermon ?...

On devine aisément ce que furent les funérailles d'un
pontife qui, pendant le long espace d'un demi-siècle, avait
rempli d'une manière si admirable ses fonctions pastorales.
Ses obsèques, suivies par une foule immense, auraient
semblé prendre les allures d'une marche triomphale, si
d'amers regrets n'avaient pâli tous les visages et étreint
tous les cœurs. Par respect pour les dernières volontés
qu'il avait exprimées, son corps fut enseveli sous les dalles
de la chapelle où il avait rendu sa belle âme à Dieu, dans
l'absidiole de gauche de la cathédrale, et recouvert d'une
pierre tombale modeste qu'aucun signe distinctif ne
marqua pendant longtemps.

A peine la cérémonie funèbre était-elle terminée que les
miracles éclatèrent auprès du saint tombeau. « Il est bien
« avéré, dit Vital, que saint Bertrand, dont la vie a été
« illustrée par divers miracles, en a opéré de plus grands
« après sa mort. Par une disposition de Dieu, en effet, et
« sans retard, la puissance du saint Pontife s'est mani-
« festée en prodiges de toute sorte. »

Nous ne pouvons faire le récit de ces miracles; mais
nous devons dire qu'ils furent presque innombrables, et
que la puissance du Bienheureux s'étendit à toutes sortes
d'infirmités et de misères. Cécité, surdité, paralysie, alié-
nation mentale, possession diabolique, tous les genres de
détresse trouvèrent dans l'intercession du saint leur soula-
gement, et le plus souvent leur complète guérison, C'est
pourquoi le chant liturgique a consacré cette variété de
miracles. Saint Bertrand ne guérissait pas seulement les
malades qui s'adressaient à lui; il lui arriva parfois de

compléter des guérisons que d'autres thaumaturges avaient commencées. Une de ces guérisons, dont le souvenir s'est perpétué dans le pays de Comminges, est celle d'un paralytique du nord de la France, qui s'était rendu à Cantorbéry (Angleterre), auprès du tombeau de l'archevêque saint Thomas, et n'ayant obtenu de ce saint qu'une guérison partielle, fit le pèlerinage de Comminges pour retrouver au tombeau de saint Bertrand toute son ancienne vigueur.

Ajoutons, pour compléter ce tableau, que le Bienheureux se fit, si l'on peut parler ainsi, une spécialité touchante pour *la délivrance des prisonniers et des captifs*. Vital raconte plusieurs de ces délivrances miraculeuses. Nous n'en rapporterons qu'une seule, mais une dont le retentissement s'est conservé dans une institution liturgique encore vivante de nos jours. Nous voulons parler de celle du célèbre Sanche Parra d'Olcia. On n'a pas oublié dans quelles graves circonstances saint Bertrand et Don Sanche s'étaient rencontrés. Dix ans après la mort de Bertrand, en 1134, Don Sanche, devenu généralissime des troupes d'Alphonse d'Aragon contre les Maures, en Espagne, tomba entre les mains des infidèles, après avoir fait des prodiges de valeur, et fut interné dans la forteresse de Montjuich, près de Barcelonne. Après une longue année passée dans les traitements les plus humiliants et les plus cruels, au cours de la nuit du premier mai, il voit son cachot s'illuminer soudain d'une douce clarté. Un pontife majestueux s'offre à ses regards et lui dit : « Sanche, lève-toi ! » — « Qui êtes-vous, seigneur», répond le vieux guerrier. — « Je suis Bertrand de L'Isle, l'ancien évêque de « Lyon de Comminges, à qui, dans un jour de clémence, « tu rendis les bestiaux de ses enfants. Je viens acquitter « la promesse que je te fis alors. Suis-moi ! » Ces mots à peine achevés, les lourdes chaînes du captif se rompaient. Saint Bertrand entraînait son heureux protégé hors de la prison, ouvrant toutes les portes devant lui. Le lendemain, les deux voyageurs se trouvaient sur le rocher d'Esquito près d'Olcia, dans la vallée d'Aspe, la patrie même de Sanche Parra. Là, saint Bertrand recommanda au guerrier de faire tous les ans le pèlerinage de Notre-Dame de Comminges pour rendre grâces à Dieu et il disparut.

En loyal soldat et en fervent chrétien, Sanche acquitta sa dette de reconnaissance tous les ans jusqu'à sa mort. Le récit de cette délivrance, qu'il répéta mille fois devant le peuple, causa une impression si profonde que le souvenir en fut perpétué par une fête religieuse annuelle. Quand le pape Clément V (Bertrand de Got) vint établir officiellement la solennité du 2 mai dans la cité de Saint-Bertrand, il trouva la célébration de cette fête de reconnaissance déjà entrée dans les mœurs de la contrée. L'ancien Bréviaire du Comminges avait un office particulier pour rémémorer ce miraculeux événement. La Catalogne, où s'était produit le miracle, en a conservé aussi le souvenir. Les chanoines du chapître de Barcelonne vinrent un jour demander des reliques de saint Bertrand et un ermitage fut construit sur la montagne de Montjuich pour honorer le Bienheureux.

De nombreuses relations des miracles de saint Bertrand ont été conservées dans les archives locales pendant les siècles qui ont suivi sa mort. Malheureusement la plupart ont péri dans un incendie survenu en 1577, et dans les pillages opérés par les Huguenots. Mais les mandements des évêques et les bulles des Souverains Pontifes suppléent heureusement à leur silence, et nous demeurent comme un témoignage irrécusable des bienfaits du grand thaumaturge et de la puissance de son intercession auprès de Dieu.

Vital fut un jour témoin de la reconnaissance de l'un de ces prisonniers délivrés. Vital n'était alors qu'un jeune prêtre. Sa mère, qui professait une ardente dévotion envers saint Bertrand, l'avait envoyé en pèlerinage au saint tombeau avec d'autres bergers plus âgés, qui virent aussi le miraculé avec son lourd ex-voto.

X. — Culte de saint Bertrand. — Sa canonisation. — Le pape Clément V fait un pèlerinage à Saint-Bertrand : 16, 17 Janvier 1309.

La vénération des peuples pour saint Bertrand prit en quelques années des proportions si larges qu'on peut dire, sans crainte d'erreur, qu'il bénéficia, peu de temps après sa mort, d'une *canonisation populaire*. Mais cette façon de canonisation était insuffisante au point de vue liturgique, et le saint évêque avait à peine disparu de ce monde qu'on songea à préparer le procès de sa canonisation. Deux prélats étaient désignés entre tous pour faire les démarches nécessaires auprès du Saint-Siège. C'étaient, d'abord l'heureux successeur du Bienheureux, Roger de Nuro (de Noé), qui occupa son siège de 1123 à 1153; ensuite l'archevêque d'Auch, le neveu de saint Bertrand, Guillaume d'Endoufielle. Cette délicate affaire ne pouvait pas être entre des mains mieux autorisées. C'était le moment où le pape Alexandre III (1159-1181), venait de réformer les règles canoniques à suivre en pareille matière. Afin de donner une sanction plus solennelle aux décrets de canonisation, le Souverain Pontife réservait à la suprême autorité pontificale la direction de la procédure. La déclaration de sainteté devenait ainsi un acte de prérogative du chef de la catholicité.

L'évêque de Lyon de Comminges et son métropolitain d'Auch firent donc une enquête des plus sérieuses sur la vie de saint Bertrand et ses miracles, et, le travail achevé, ils se rendirent à Rome, en compagnie du cardinal Hyacinthe, futur pape sous le nom de Célestin III. Il présentèrent au Souverain Pontife leur requête signée par tous les évêques de leur contrée. Ils demandaient au successeur de saint Pierre de vouloir bien examiner et juger *s'il y avait lieu de rendre à Bertrand de L'Isle le culte que l'Eglise de Jésus-Christ rend aux Saints.*

Alexandre III accueillit favorablement cette demande et c'est alors qu'il chargea le prêtre Vital, protonotaire apostolique, de recueillir les faits signalés, d'en contrôler l'exactitude sur les lieux, et d'en faire une relation capable d'éclairer son jugement et celui des cardinaux. Nous avons déjà dit combien Vital était digne de cette mission de confiance et capable de s'en acquitter avec conscience.

Roger de Noé mourut en 1153, et fut remplacé sur le siège de saint Bertrand par Arnaud-Roger de la maison des comtes de Comminges. C'est sous l'épiscopat de ce dernier que la cause de Bertrand fut introduite, et que Vital put écrire « avoir lu son rapport au palais de Latran, « devant le pape Alexandre III, qui daigna l'approuver « et en présence des vénérables cardinaux. » L'ancien Bréviaire du Comminges complète Vital en disant : « Alexandre III mit Bertrand au nombre des Saints, après « que le schisme de l'antipape Octavien fut assoupi[1]. » Le Livre mortuaire de l'abbaye de La Case-Dieu confirme cette déclaration en disant, à propos du neveu de saint Bertrand, qu'il fit canoniser son oncle : « *qui fecit eum canonisari.* » Or Guillaume mourut en 1170.

A partir de ce moment, environ quarante ans après sa mort, saint Bertrand reçut, dans le diocèse de Lyon de Comminges, le culte public réservé aux serviteurs de Dieu placés sur les autels. Sa ville épiscopale, qui lui devait, on peut le dire, sa résurrection, échangea son nom romain contre celui de son bienfaiteur. Elle est fière de s'appeler toujours *Saint-Bertrand.* Bien des diocèses notamment ceux d'Auch, Toulouse, Le Puy, Narbonne, Tarbes, Aire, Lectoure inscrivirent la fête du nouveau Saint dans leurs livres liturgiques. Les chanoines réguliers de saint Augustin l'introduisirent jusque dans leurs monastères de Styrie, en

[1] Octavien fut antipape sous le nom de Victor IV de 1159 à 1164.

Autriche. Un grand nombre de fondations furent faites pour assurer à cette fête une plus grande solennité.

Moins de deux siècles plus tard, en 1309, un événement, qui eut un retentissement presque européen, vint donner un nouvel élan au culte de saint Bertrand. Ce fut la visite du pape Clément V au tombeau du Bienheureux. Bertrand de Got [1], qui devait prendre le nom de Clément V en montant sur la chaire de Saint-Pierre, avait été évêque de Saint-Bertrand de Comminges pendant quatre ans, de 1295 à 1299. Transféré au siège archiépiscopal de Bordeaux en 1299, et sur le siège de Saint-Pierre à Rome en 1305, il avait conservé de son premier siège un souvenir si profond que, parvenu à la dignité pontificale, il voulut se donner la joie de le revoir et de porter l'hommage de sa vénération au tombeau de saint Bertrand. Ce pèlerinage célèbre eut lieu le 16 et le 17 janvier de l'an 1309. Clément V, pour satisfaire sa dévotion envers son glorieux prédécesseur sur le siège de Notre-Dame de Comminges, avait commencé par faire un appel à la charité du monde chrétien tout entier, pour provoquer des dons en faveur de la cathédrale de Saint-Bertrand. qu'il se proposait de restaurer. En même temps, il dressait les plans d'agrandissement de l'édifice et faisait procéder à leur exécution. Quand il eut appris que les travaux étaient assez avancés pour permettre le déploiement des cérémonies solennelles qu'il projetait, il se mit en route avec un cortège d'hommes d'église, au nombre desquels elles étaient cinq cardinaux, les archevêques d'Auch et de Rouen, les évêques de Toulouse, Albi, Aire, Tarbes, Maguelonne (Montpellier), et cinq abbés mitrés.

---

[1] Bertrand de Got naquit à Bazas, et par conséquent dans la province ecclésiastique d'Auch, dont le diocèse de Bazas faisait partie. Sa nièce, Régine de Got, vicomtesse de Lomagne et d'Auvillars, épousa Jean Ier d'Armagnac-Fezensac. Elle mourut en 1325 et fut inhumée dans l'église des Cordeliers d'Auch.

L'apparition d'un pape, daus un pays qui n'avait jamais connu cet honneur, souleva toute la population du Comté de Comminges dans un élan d'enthousiasme indescriptible. L'émotiou de cette immense multitude fut à son comble quant on vit le vicaire de Jésus-Christ s'agenouiller devant le saint tombeau, lever de ses propres mains les vénérables reliques, et les placer dans une châsse précieuse, dans la chapelle de Notre-Dame richement décorée, en attendant la construction du mausolée actuel par le cardinal Pierre de Foix, devenu évêque de Saint-Bertrand de Comminges en 1422.

XI. — Six fêtes. — Le Jubilé. — La Confrérie.

Mais Clément V ne se contenta pas de faire ce pèlerinage pour honorer saint Bertrand. Afin de donner pleine satisfaction à sa piété et à celle du peuple envers le saint évêque, il accorda à la cathédrale de Comminges plusieurs privilèges liturgiques, qui lui ont donné un rang tout à fait exceptionnel au point de vue des faveurs spirituelles que le Saint-Siège peut accorder. Ces privilèges sont d'abord l'institution de deux fêtes annuelles supplémentaires en l'honneur du Bienheureux : la *fête du 16 janvier,* qui commémore l'élévation des reliques de saint Bertrand faite à cette date par le Souverain Pontife lui-même; et la *fête du 2 mai,* qui commémore l'apparition du saint à Sanche Parra. Ces deux solennités venaient s'ajouter à la fête natalice (16 octobre), qui commémorait déjà la mort de saint Bertrand ou plutôt sa naissance à la vie glorieuse, de sorte que cette cathédrale jouissait du privilège unique de célébrer annuellement trois fêtes en l'honneur de son second patron.

Ces trois solennités furent accueillies avec enthousiasme par les fidèles du Comté de Comminges; mais elles ne suffirent pas à satisfaire leur dévotion envers saint

Bertrand. Nous voyons en effet trois autres fêtes s'établir encore après celles que nous venons de mentionner : la fête *de la Délivrance*, en souvenir de la reprise de la ville épiscopale sur les Huguénots en 1585 ; la fête du 22 juillet qui consacrait le souvenir d'une *seconde délivrance* ; et enfin, la fête de la *Restitution des Reliques* que les Protestants avaient enlevées, et que le chapitre de Lectoure, qui les avait recuillies, restitua à l'église de Comminges en 1591. Mais ces trois fêtes, moins solennelles que les précédentes, n'ont pas survécu à la suppression de l'évêché par le Concordat de 1801.

Au-dessus de ces privilèges liturgiques, il en est un autre qui a donné une extraordinaire célébrité à Notre-Dame de Comminges ; nous voulons parler du *Jubilé*, qui remonte à Clément V, et qui est connu sous le nom de *Grand Pardon de Saint-Bertrand*. Les seules églises qui avaient reçu jusqu'à ce moment une faveur semblable, étaient celles de St-Jacques de Compostelle en Espagne et de N.-D. du Puy en France. On conçoit d'après cela l'immense retentissement qu'eut une faveur si précieuse et si rare dans le monde chrétien.

Le Grand Pardon ne revient que dans les années où la solennité de l'Invention de la Sainte-Croix, qui a lieu le 3 mai, coïncide avec un vendredi, c'est-à-dire à peu près tous les six ou sept ans. Il dure trois jours, le 1er, le 2 et le 3 mai. Cette faveur spirituelle attire à Saint-Bertrand des foules considérables de pèlerins. Trois conditions sont requises pour le gain de la célèbre indulgence, la confession, la communion et la visite à l'église. Les deux premières conditions peuvent être remplies ailleurs qu'à Saint-Bertrand ; mais la visite à l'église de Comminges est requise, hormis le cas d'une dispense toute spéciale qui doit être sérieusement motivée. Les annales de la cité nous apprennent que le nombre des communions s'éleva une année de Jubilé jusqu'à quarante mille.

La' tradition populaire compte au nombre des pèlerins du Grand Pardon, dans l'année 1773, l'admirable saint Benoît Labre. Il se rendait à pied, et en costume de mendiant, à Saint-Bertrand de Comminges au moment où un voyageur venait d'être assommé par un malfaiteur inconnu, dans un bois voisin de la ville. Attiré par ses gémissements Benoît s'arrêta. et se rendit auprès de lui pour panser ses plaies. On cherchait l'assassin. Les soupçons tombant sur le célèbre mendiant, on le jeta dans un noir cachot, dont la porte basse et étroite se voit encore à l'une des entrées de la ville. Il y demeura trois jours plongé dans la prière, et n'attendant sa justification que de Dieu et de saint Bertrand. Le saint ne demeura pas sourd à cet appel du prisonnier. Le véritable auteur de ce crime fut découvert ; pour tout dédommagement, Benoît Labre ne demanda que l'autorisation de soigner les malades dans l'hôpital de la ville.

Mentionnons enfin, en terminant cette série de faveurs spirituelles, la *Confrérie de Saint-Bertrand*, établie dans la cathédrale de Comminges, et destinée à promouvoir la sanctification des âmes. Cette association a une origine des plus antiques; les Bollandistes la signalent comme existant déjà au temps de Clément V, qui l'a fortement recommandée et enrichie de précieuses indulgences. Réorganisée de nos jours, en tenant compte de la suppression du chapitre qui en avait la direction, elle se rattache à l'autel du tombeau de saint Bertrand. La cérémonie de réception est toujours accompagnée d'une invocation spéciale à la Sainte Vierge, pour rappeler la dévotion ardente du Bienheureux envers Marie.

De temps immémorial. aucun office n'est célébré dans la vénérable cathédrale sans qu'il soit suivi d'une visite au tombeau du saint évêque. Le chant qui accompagne cette pieuse cérémonie est une mélopée antique où les générations passées semblent avoir déposé quelque chose de leur âme, et qui émeut encore ceux qui savent en pénétrer le sens sous les inspirations de la foi. Nous reproduisons cette antienne à la fin de cette biographie.

Le mausolée actuel, où repose le corps de saint Bertrand, remonte à l'épiscopat du cardinal Pierre de Foix, qui le fit dresser en 1430. C'est un édicule en pierre qui a la forme d'une immense châsse rectangulaire. Sur ses deux façades oblongues s'ouvrent des niches destinées à recevoir le corps du Bienheureux et les autres reliques dont la cathédrale possédait un nombre considérable. Ce monument se dresse dans l'axe de la nef, à quelque distance du chevet. Ainsi placé et orienté, il put servir de rétable au maître-autel jusqu'au moment où l'évêque Jehan de Mauléon détruisit cette belle ordonnance en construisant le chœur, avec ses incomparables boiseries et marquetteries (1535). Des peintures historiques faites à la fresque, et qui remontent à la fin du xve siècle, en décorent la façade du déambulatoire; les autres façades sont recouvertes de toiles peintes; tous ces tableaux reproduisent la vie et les miracles du Bienheureux. Les reliquaires et les châsses en argent massif, rehaussés de pierreries et d'émaux, dons magnifiques de Clément V et des successeurs de saint Bertrand, furent volés pendant le cours de la Révolution française. Les reliques furent sauvées cependant par les soins de pieux fidèles, et réintégrées après le rétablissement du culte, au milieu d'une explosion de joie indicible. La châsse nouvelle est en bois d'ébène lamé d'argent et porte, sur une plaque de cuivre, l'inscription suivante : « *Ici repose le corps de saint Bertrand, évêque du Comminges.* Le baron Bertrand de Lassus y ajouta un coffret artistique en 1912.

XII. — Culte de saint Bertrand à L'Isle-Jourdain.

Comme il fallait s'y attendre, nulle part après l'église de Comminges le culte de saint Bertrand n'est en honneur autant que dans la ville natale du Bienheureux, *L'Isle-*

Jourdain, que le Concordat de 1801 a détachée du diocèse de Toulouse pour la placer dans celui d'Auch.

L'église paroissiale actuelle, bâtie en 1784, occupe l'emplacement de celle où saint Bertrand fut baptisé, et l'une des quatre grandes chapelles de ce majestueux édifice, celle qui fait face à la chapelle de la Vierge, est dédiée au Saint. L'autel en marbre est surmonté d'une grande statue en bois doré représentant le Saint en habits pontificaux. Au-dessus du baldaquin est peint le blason familial de l'évêque, qui était de la maison seigneuriale de L'Isle, branche de la maison comtale de Toulouse, portant comme celle-ci « *de gueules à la croix de Toulouse, vidée, cléchée et pommettée d'or.* »

Tous les dimanches libres, à l'issue 'des vêpres, le clergé se rend solennellement à la chapelle du Bienheureux, pendant que le lutrin entonne l'antienne de l'ancien Bréviaire de Comminges, telle qu'on la chante encore dans la cathédrale de Saint-Bertrand, et qui célèbre les vertus caractéristiques de cet illustre compatriote de nos Lislois.

La fête du glorieux enfant de L'Isle-Jourdain a été élevée, pour cette ville, au rang *de double de seconde classe* par la Congrégation des Rites. Au premier rang des cérémonies du jour figure une antique confrérie d'hommes, devenue une société de secours mutuels, qui porte le nom de *Société de Saint-Bertrand.* Les sociétaires offrent ce jour-là les pains bénits traditionnels, et portent à la procession des vêpres le riche pavillon des reliques [1] qui date de 1733. Cette procession longe, dans son parcours, la maison bâtie sur l'emplacement de la demeure seigneuriale qu'habitait la famille du Saint, passe à côté de la colonne

---

[1] Ce pavillon monumental en bois doré a survécu au pillage de la Révolution. Malheureusement « le buste qu'on avait fait faire pour la relique », au dire de Lastrade, manque aujourd'hui, ainsi que le pavillon de saint Ode (Odon), dont les reliques furent aussi grandement à l'honneur en cette circonstance.

au haut de laquelle se dresse sa statue, et aboutit à la fontaine, dite *Fontaine de Saint-Bertrand*, d'où la vue domine la ville et la fertile vallée de la Save. Cette petite fontaine est située à une demi-lieue environ de l'église. La tradition rapporte que le Saint, quand il venait se reposer au château de ses pères, aimait à célébrer la messe dans un oratoire voisin de cette source, et que c'est là qu'il puisait l'eau du sacrifice. Depuis lors, et encore de nos jours, les Lislois attribuent à l'eau de cette fontaine une vertu miraculeuse. On la fait bénir et on l'administre aux malades qu'elle soulage et guérit souvent. Elle est protégée par un modeste édicule en maçonnerie qui abrite une petite statue du Saint.

La colonne de Saint-Bertrand a été érigée en face de l'emplacement qu'occupait l'ancien château seigneurial de L'Isle sous l'administration de M. l'abbé Liesta. Elle est construite en brique et en ciment, haute de huit mètres, et porte à son sommet une statue en bronze du saint évêque. crosse en main, mître en tête, dans l'attitude du pontife bénissant la cité. Sur le bas-relief, on lit cette inscription latine : *Sancto Bertrando civitas sua fidens ac devota dicavit.* « Dédiée à saint Bertrand par les habitants de sa « ville natale qui le vénèrent et lui donnent toute leur con- « fiance ! » Ce monument fut inauguré le 22 octobre 1876 par Mgr de Langalerie, archevêque d'Auch.

Les reliques du saint que possède l'Isle-Jourdain sont : *une vertèbre du thorax* et *une côte.* Elles furent obtenues de Mgr de Lubière du Bouchet, évêque de Comminges, en 1733, et apportées à L'Isle, le 6 septembre de cette année, par une délégation de chanoines, de prêtres, de magistrats, de bourgeois notables qui s'étaient rendus dans ce but à Saint-Bertrand de Comminges, où les attendaient l'évêque du diocèse et celui de Tarbes, Mgr de La Roche-Aymon. Le voyage de retour eut lieu par Montréjeau, Boulogne et Lombez, avec une veillée nocturne dans l'église d'Endoufielle [1]. Cette procession fut un triomphe ininterrompu pour la mémoire du Bienheureux. A la dernière station, les reliques furent déposées dans le château des Quintarrêts (cinquième arrêt) qui appartenait à Pierre-Antoine de Lapeyrie, membre de la famille qui a donné le jour au vénérable Ambroise de Lombez (1708-1778). A l'Isle-Jourdain, ce fut du délire. Les fêtes présidées par le chanoine *Bétou*, vicaire général de Toulouse, en l'absence de l'archevêque, Mgr de Balbis-Berton de Crillon, ne devaient durer que l'espace d'un triduum; mais elles furent prolongées de six jours afin de permettre aux pèlerins, venus de loin, de satisfaire leur dévotion. Les chanoines commingeois, délégués par l'évêque de Saint-Bertrand, furent ravis de la popularité dont leur Saint jouissait dans sa ville natale et dans tout le diocèse de Lombez. L'authenticité de ces reliques, cachées pendant la Révolution, fut reconnue le 3 juillet 1838 par le cardinal d'Isoard, archevêque d'Auch.

Voici le nom des députés de l'Isle qui eurent l'honneur de faire partie de la délégation envoyée à Saint-Bertrand : *Pierre de Sainte-Marie*, chanoine de l'Isle-Jourdain 1694-1761; — *Jean Faget*, chanoine en 1731; — *Barelli*, curé de l'Isle de 1721 à 1725; — *Jean de Sudria*, chanoine depuis 1721; — *noble Pierre de Robineau*, seigneur de Louberville, ancienne paroisse comprise aujourd'hui dans celle de Marestaing; — *noble Louis-Isaac de Robert*, de la Birane. Ces familles n'ont plus de représentants à l'Isle-Jourdain.

L'histoire de cette translation a été racontée tout au long par Jean Lastrade, prébendé de la cathédrale, et puis curé de Valcabrère, paroisse voisine de Saint-Bertrand, dans l'ouvrage dont nous avons parlé. Ce récit d'un témoin

---

[1] Chose curieuse, l'église et la localité d'Endoufielle n'ont conservé aucun monument de saint Bertrand, ni de son frère, ni du fils de ce dernier qui pourtant, dans la liste des archevêques d'Auch, porte le nom d'Endoufielle (Andozille).

oculaire a été reproduit dans la *Revue de Gascogne* de l'année 1913, à l'instigation de M. le chanoine Bernard de Castelbajac, curé-doyen de L'Isle-Jourdain. C'est là que doivent recourir ceux qui désireraient connaître tous les détails de cette célèbre translation [1].

Disons enfin, à l'honneur du grand évêque de Comminges, que le souvenir ou, si l'on aime mieux, l'influence de sa sainteté fit surgir au sein de sa famille, dans le cours des siècles, de nombreuses vocations ecclésiastiques qui en sont la gloire la plus pure : Guillaume de L'Isle, dit d'Endoufielle-Montaut, archevêque d'Auch de 1122 à 1170; Bertrand de L'Isle-Jourdain, évêque de Toulouse de 1270 à 1286, qui fit bâtir le chœur et quatorze chapelles de la cathédrale de Saint-Etienne, et qui laissa des legs considérables aux églises et aux monastères du pays; — Hugues Jourdain, archidiacre de Toulouse en 1312; — Jourdain, chanoine de Toulouse en 1323; — Isarn Jourdain, grand ouvrier du chapitre de Toulouse, en 1331.

Dans leur dévotion fidèle et reconnaissante envers saint Bertrand, les Lislois attribuent à la puissante intercession de leur glorieux compatriote la faveur insigne que reçut l'église paroissiale de son baptême par l'autorité du pape Jean XXII, dont le neveu avait épousé Marguerite de L'Isle-Jourdain. A la date du 22 février 1317, le successeur immédiat de Clément V (Bertrand de Got, qui a tant honoré la cathédrale de Saint-Bertrand de Comminges), érigea l'église Saint-Martin de L'Isle-Jourdain en *Collégiale* et confia aux douze chanoines, dont il fut le créateur, la garde du corps et du chef de saint Odon, 2e abbé de Cluny [2] et grand dévot du saint pontife de Tours. Le

---

[1] Archéologue émérite et chercheur infatigable, M. le chanoine de Castelbajac a fourni quantité de Notes à l'auteur de cette plaquette ainsi qu'à nous-même. Qu'il nous permette de consigner ici toute la gratitude que nous devons à son exquise obligeance.

[2] Voir plus loin la Vie de saint Odon.

siège archiépiscopal de Toulouse, nouvellement érigé, dont
L'Isle-Jourdain fit partie jusqu'à la Révolution, était alors
occupé par Jean-Raimond de Comminges, de la maison
comtale de ce nom. La parenté de saint Bertrand se trouvait en ce moment, comme on vient de le lire, noblement
représentée dans les stalles canonicales de Toulouse, dont
l'évêque Bertrand de L'Isle-Jourdan, un neveu éloigné du
Saint, avait commencé le chœur de la cathédrale peu auparavant, en 1272.

Quand on se rappelle les pèlerinages nombreux que
saint Bertrand fit à Notre-Dame d'Auch, l'église de son
sacre et sa métropole, quand on sait à n'en pas douter que
sa canonisation solennelle fut l'œuvre de l'un de nos plus
remarquables archevêques, on est péniblement impres-
sionné en constatant que le culte du grand pontife du
Comminges tient si peu de place dans l'histoire hagiogra-
phique de notre diocèse. Sans doute ses relations avec
Auch sont consignées dans le *Cartulaire de Sainte-Marie;*
mais, même dans cette charte 77 qui parle de saint Bertrand, tous les honneurs vont à son neveu, l'archevêque
Guillaume, dont le rédacteur vante la parenté *parentum
nobilitate prepollens*, l'illustre origine *homo alti sanguinis*,
et qu'il fait descendre de l'illustre race... des seigneurs de
Montaut[1], *de prosapia Montaltensium descenderat*, qui
occupaient alors le premier rang parmi les quatre barons
de la cour comtale de Fezensac[2]. Ces inadvertances vien-

---

[1] En mémoire des visites de parenté que saint Bertrand dut faire
au château seigneurial de Montaut, capitale du Corrensaguet, M. l'abbé
Henri Barré a fait placer dans sa belle église bénédictine une ver-
rière représentant le grand pontife du Comminges avec ses armoiries
et celles de Guillaume de Montaut, son prélat consécrateur. Ce vitrail
a été inauguré pour le Jubilé de 1901.

[2] On regrettera que le conseil municipal de Montaut, sollicité en
1920 d'ajouter un qualificatif à son nom pour distinguer cette commune de celle de Montaut-Miélan, n'ait pas songé à s'appeler Mon-
taut-Fezensac, plutôt que Montaut-les-Créneaux.

nent de ce que les paroisses de L'Isle-Jourdain et d'Endou-fielle n'appartenaient pas alors au diocèse d'Auch. Cependant P. Lafforgue nous apprend dans son *Histoire de la ville d'Auch* (II. 175) que près du domaine de Laffont, situé non loin du Gers entre Auch et Duran, le touriste saluait la *Croix de Saint-Bertrand,* « où existait autrefois une église dédiée à saint Bertrand, évêque de Comminges, et dont la croix qu'on y voit de nos jours (1851) est un souvenir. » Cette croix subsiste encore.

La basilique de N.-D. de Lourdes a dédié une des chapelles de sa crypte à saint Bertrand et on y honore une relique de ce fervent de Marie. Une autre relique du pontife commingeois est conservée au trésor de la basilique de Saint-Sernin de Toulouse [1]. On n'oublié pas dans cette ville qu'en 1122 saint Bertrand, alors âgé de quatre-vingt-deux ans, par conséquent à la veille de quitter ce monde, entreprit le voyage de Toulouse pour assister à la dédicace à la dédicace d'une église dédiée au grand pontife auscitain, saint Orens.

Dans le diocèse de Tarbes, si voisin de la ville de Saint-Bertrand, une seule localité est placée sous le patronage de l'évêque de Comminges, c'est Saint-Lary, canton de Vieille-Aure. Mais le Saint est le titulaire de l'église d'Oroix, canton de Tarbes [2].

---

[1] Jean LESTRADE. — *Reliques et châsses de saint Bertrand,* Toulouse, chez Nauze, 22 pages, 1913.

[2] CRABÉ-RICAUD. — *Les Saints Patrons du diocèse de Tarbes,* 1909.

VIE POSTHUME DE SAINT BERTRAND

A L'Isle-Jourdain.

Nous aimons à donner ce titre à l'*Histoire Religieuse* de la paroisse qui a vu naître saint Bertrand de L'Isle, tant ses compatriotes demeurent convaincus que, depuis son entrée dans la félicité éternelle, il vit parmi nous, plus attaché que jamais à ses Lislois, attentif à leurs besoins surnaturels, véritable défenseur de la cité, dont il se fait l'avocat et le protecteur puissant auprès de Dieu.

C'est la Bible elle-même qui nous autorise à considérer nos Saints sous cet aspect. Un jour, raconte-t-elle (¹), que le peuple de Dieu se trouvait sur le point d'être anéanti, une vision miraculeuse vint ranimer sa confiance. Son général, Machabée, aperçut le grand prêtre Onias, mort depuis quelque temps, qui priait les bras étendus. Auprès de lui apparut un vieillard, tout éclatant de gloire, environné d'une grande majesté. « Voilà le sincère ami de ses frères, s'écria Onias, voilà celui qui prie avec

---

¹ Machabées, livre II, chap. XV, versets 12-16.

ferveur pour son peuple et pour toute la ville sainte : c'est Jérémie, le prophète de Dieu ! » Quand le peuple juif eut entendu le récit de cette apparition, il courut aux armes et terrassa des ennemis innombrables.

Après avoir lu la magistrale Lettre Pastorale de Mgr l'Archevêque d'Auch en tête de cette brochure, ne semblera-t-il pas aux Lislois que leur vénéré Pontife joue providentiellement le rôle d'Onias, en ce VIII° Centenaire de saint Bertrand, et que, faisant apparaître par son style éloquent la douce figure auréolée du plus saint et du plus illustre enfant de la cité, il leur répète les paroles inspirées : *Hic est fratrum amator... hic est qui multum orat pro populo et universa sancta civitate*, BERTRANDUS DE ISLIO ! Voilà celui qui vous aime comme des frères, regardez-le prier de plein cœur pour son peuple et pour tous ses compatriotes, c'est Bertrand de L'Isle !...

§ 1. — Sous l'administration de la Maison de L'Isle.

Nous n'avons pas à revenir sur les origines de la cité lisloise, que les Itinéraires romains appelaient *Buconis* parce qu'elle trouvait à l'orée de la grande forêt de Bouconne. C'est apparemment saint Sernin ou Saturnin, disciple de saint Pierre et premier évêque de Toulouse, qui y alluma le flambeau de la foi chrétienne et donna à la localité le patronage de sainte Anne, mère de la T. S. Vierge, qu'elle a toujours conservé. *Saint Clair*, apôtre de Cologne, martyr de Lectoure, et plus tard *saint Orens*, le plus célèbre évêque d'Auch (396-446), répandirent aussi la semence évangélique le long de la voie romaine qui unissait Toulouse à Auch. Au printemps de l'an 508, *sainte Clotilde* et son royal époux traversèrent Buconis et y jetèrent probablement les fondements de l'église de Saint-Martin, qui devint aussitôt paroissiale.

On a vu plus haut l'ardente dévotion que saint Bertrand avait vouée au patron de l'église de son baptême. Il persuada à son frère, Raimond, sire de L'Isle, d'en faire un *Prieuré* sous la dépendance immédiate des chanoines réguliers de Saint-Etienne de Toulouse, qui y entretiendraient un petit essaim de religieux. Environ deux cents ans plus tard, le Pape Jean XXII (Jacques d'Euse, natif de Cahors), que le mariage de son neveu avait apparenté à la Maison de L'Isle, éleva ce Prieuré de Saint-Martin à la dignité de *Collégiale*, par une bulle (¹) datée d'Avignon le 22 février 1318.

Ce grand bienfait, qui transformait presque L'Isle-Jourdain en ville épiscopale, n'est pas le seul dont elle soit redevable à l'administration prospère des neveux de saint Bertrand. Dès l'an 1134, onze ans après la bienheureuse mort de leur oncle, le sire Bernard 1er-Jourdain, de concert avec Guillaume de L'Isle, archevêque d'Auch, et Vital de Iscio (Islio), seigneur d'Endoufielle, frère de ce dernier, font venir les *Templiers* et leur donnent l'église de Larmont, située entre Segouflelle et Lévignac (²). Au siècle suivant, c'est dans sa ville même que Bernard II-Jourdain établit cet Ordre militaire et hospitalier, dont saint Bernard 1091-1153) avait composé la rè-

---

¹ Une copie sur parchemin de cette bulle est conservée aux Archives paroissiales, ainsi que celle des statuts de cet important Chapitre, qui ne comprenait pas moins de 12 chanoines, 24 chapelains, 2 diacres, 2 sous-diacres et 6 minorés.

² Du Bourg, *Hist. du Grand Prieuré*, n. 14. Les touristes admirent encore cet édifice.

gle, et qui couvrait la France de ses commande-
ries (¹).

Le 8 septembre 1288, en la fête de la Nativité de
Notre-Dame, le sire Jourdain IV, marchant sur les
traces de son père, fit une deuxième fondation religieuse dans sa capitale. Il obéit en cela aux instances de son oncle l'évêque Bertrand, qui avait quelque temps administré la sirerie et qui venait de s'im-
mortaliser par la construction du chœur de la cathédrale St-Etienne de Toulouse. Les nouveaux moines, appelés à faire l'édification des Lislois, étaient
les Franciscains, vulgairement appelés *Cordeliers*
à cause de leur costume. L'évêque Bertrand les avait
vus à l'œuvre à Toulouse, dont le monastère fondé
du vivant de saint François d'Assise, avait eu pour
supérieur le célèbre thaumaturge saint Antoine de
Padoue. La Custodie lisloise fut établie en dehors
des fortifications, mais près de la porte de Toulouse.

Bien que les Templiers et les Frères de Saint-Jean,
leurs successeurs, eussent alors leur hospice à L'Isle-
Jourdain pour abriter et protéger les pèlerins, alors
si nombreux, qui se rendaient à Saint-Jacques de
Compostelle en Espagne ou à Saint-Gilles en Pro-

¹ Le 22 novembre 1231, dame Longue de L'Isle, fille du sire fondateur et femme de Foulquier de La Tour, donne aux Templiers de
L'Isle-Jourdain le château de Patras situé entre le Barry et l'église
Saint-Martin. Du Bourg, *Hist. de Malte*, p. 73. — Après la suppression de cet Ordre (6 mai 1312), leur maison lisloise passa dans la
chambre prieurale de Toulouse. Au siècle suivant, les hospitaliers de
Saint-Jean l'érigèrent en une commanderie séparée, qui finalement
fut réunie à celle de Larmont. — Les chapiteaux sculptés qui servent
maintenant de bénitiers à notre église paroissiale viennent, paraît-il,
des Hospitaliers ainsi que la grande cloche qui est au-dessus de la
tour de l'église. Elle porte cette inscription : *Sancte Johannes, O. P. N.
Anno MVCXLVIII* (1548).

vence, les Pères du *Saint-Esprit* de Montpellier vinrent fonder chez nous un hôpital pour le soin des malades. Cet Ordre, approuvé par le Pape Innocent III en 1198, avait aussi des Sœurs pour les enfants en bas-âge. Ces religieux portaient le costume ecclésiastique marqué d'une croix de toile blanche à douze pointes (¹).

Nous avons omis de dire que le pape Jean XXII, quand il créa le Chapitre de Saint-Martin, fit transférer dans la nouvelle Collégiale la majeure partie des reliques de *saint Odon*, notamment le *chef* du Bienheureux (²). Ces précieux ossements reposaient depuis le trépas du saint Abbé (18 novembre 942) dans l'abbaye bénédictine de Saint-Julien de Tours. Le voisinage immédiat du célèbre tombeau de saint Martin semblait avoir condamné à une sorte d'effacement les reliques de saint Odon. Les chanoines de L'Isle-Jourdain les placèrent d'abord dans un tombeau de pierre. Mais peu avant que ne s'éteignit la parenté de saint Bertrand, les reliques furent dotées d'une châsse artistique en argent. La fête de cette translation fut célèbre en l'année 1407, Vital de Castel-Moron étant archevêque de Toulouse.

¹ Dans le Registre de Cazanove, notaire à L'Isle-J. (Etude de Mᵉ Saint-Laurens), on voit que la métairie du *Saint-Esprit*, qui appartient aujourd'hui à M. Joseph Barthélémy. député du Gers et maire de L'Isle-J., fut affermée, en 1643, par le R. P. Grimaud à Antoine Traud, laboureur. — L'ordre fut supprimé par Louis XIV en 1673 et réuni à celui de Saint-Lazare. Mais il subsista en Italie et en Pologne. Le dernier Grand-Maître fut le cardinal de Polignac, ancien ambassadeur en Pologne, qui occupa le siège d'Auch de 1725 à 1741.

² Que ces transferts, que le pape seul peut ordonner, n'étonnent pas les lecteurs. La presse n'a-t-elle pas rappelé, il y a quelques mois, à l'occasion de la découverte de la bulle de canonisation de saint Thomas d'Aquin, que les reliques et le chef de l'Ange de l'Ecole ont été transportés du fond de l'Italie à Toulouse, où on les vénère dans la crypte de Saint-Sernin.

§ 2. — Sous l'administration de la Maison d'Armagnac.

L'avènement à L'Isle-Jourdain de la célèbre maison d'Armagnac (14 juillet 1421), qui se plus à résider au château seigneurial de saint Bertrand, amena une modification importante dans le blason de la cité. Mais si la croix d'or de Toulouse rappelle aux Lislois le plus saint et le plus illustre de leurs compatriotes, ils seront heureux d'apprendre que le lion et le léopard réunis doivent évoquer le souvenir d'une charmante fleur de sainteté, que la Providence semble avoir fait germer alors dans la branche cadette d'Armagnac pour servir de contrepoids, devant la justice divine, aux tristes exemples donnés parfois par la branche aînée.

Jusqu'à ces dernières années ([1]), la Bienheureuse BONNE D'ARMAGNAC, était à peu près inconnue. Cependant, dans son gros ouvrage sur *La Maison d'Armagnac au XVe siècle*, paru en 1908, SAMARAN rappelle qu' « elle mourut très jeune en odeur de sainteté... sans laisser d'autre trace, dans les documents officiels de l'époque, que le souvenir d'avoir été recherchée, ainsi que plusieurs autres princesses vers 1450, pour devenir la femme du dauphin Louis, le futur

---

[1] En 1854, quand il publia la *Vie de la B. Germaine Cousin*, Louis Veuillot fut prié d'écrire celle de la B. Bonne. De ces deux jeunes filles de 23 ans, la bergère de Pibrac tenta davantage la plume du célèbre écrivain. — En 1910 seulement parut une brochure du comte DE DIENNE, bientôt suivie par un ouvrage plus important du R. P. Guy DAVAL, supérieur des Franciscains de Toulouse. — La Vie de la B. Bonne figure, en Appendice, au tome II des *Saints du Calendrier diocésain d'Auch* par J.-M. BÉNAC. Un tirage à part en a été fait, en 1919, hommage de l'auteur à la feue duchesse de Fezensac, née Victoire Massena, qui se proposait de poursuivre à Rome l'approbation du culte de sa sainte cousine.

GÉNÉALOGIE DE LA MAISON D'ARMAGNAC

Qui remplaça au château de l'Isle-Jourdain la parenté de saint Bertrand.

Le connétable d'Armagnac BERNARD VII († 1418)

chef du parti national contre les Anglais avant « Jeanne l'Armagnacaise », épousa Bonne de Berri, petite-fille du roi Jean-le-Bon.

JEAN IV
Comte de l'Isle-J. (1421-1450)
a correspondu avec Jeanne
d'Arc (1430).

Bonne d'Armagnac
ép. le poète Charles d'Orléans,
prisonnier d'Azincourt (1412).

Bernard, comte de Pardiac,
épouse Eléonore de Bourbon,
comtesse de La Marche.

Anne d'Armagnac
ép. Charles d'Albret
(1417), fils du conné-
table d'Albret.

JEAN V
comte de l'Isle-J.,
tué à Lectoure
(1473).

CHARLES Ier
vic. de Fezensaguet
Comte de l'Isle-J.
(† 1497).

Marie d'Armagnac
ép. le connétable d'A-
lençon, contrat à l'Is-
le-J., 30 avril 1477.

Jacques d'Armagn.
duc de Nemours, ép.
Louise d'Anjou.

**LA BIENHEUREUSE
BONNE D'ARM.
1434-1457.**

Jean Ier
sire d'Albret, ép.
Catherine de Rohan.

PIERRE
vic. de Gimois, 1496
Comte de l'Isle-J.
† 1514.

Pierre d'Armagn.
épouse Fleurette de
Luppé (Lalanne,
près Fleurance).

René, duc d'Alençon,
ép. la Bienheureuse
Marg. de Lorraine.

Jean d'Armagnac,
duc de Nemours,
gouverneur de l'Isle-
Jourdain.

Louis d'Armagnac,
vice-roi de Naples,
tué à Cérignole,
1503.

Alain le Grand
1471-1523
ép. Françoise de Blois-
Bretagne.

Georges d'Armag.
diplomate, cardinal
archevêque de Tou-
louse, † 1585.

CHARLES D'ALENÇON
Comte de l'Isle-J., 1514-1525
ép. Marg. d'Angoulême, 1509,
sœur du roi François Ier.

Françoise d'Alençon,
ép. Ch. de Bourbon-Vendôme,
7 fils et 7 filles.

Jean II d'Albret
ép. Cath. de Foix, 1485,
reine de Navarre.

Antoine de Bourbon
ép. Jeanne d'Albret, 1548
reine de Navarre.

Henri de Navarre. ép.
MARG. D'ANGOULEME
Comtesse de l'Isle-J.

LE ROI HENRI IV
Ce de l'Isle-J., 1572-1610.

JEANNE D'ALBRET
Comtesse, 1548-1572.

Louis XI ». Méprisant toutes les grandeurs humaines, Bonne d'Armagnac, qui avait du sang royal dans les veines, préféra ensevelir sa jeunesse et sa beauté dans un couvent de pauvres Clarisses où, dit le *Martyrologe franciscain* (26 octobre), « elle s'acquit une très grande renommée par l'austérité de sa vie, par le don de prophétie et par les miracles ». Dans ses grandes chevauchées aux côtés de son père, sanctifia-t-elle jamais par une villégiature la résidence de son oncle, Jean IV, et de ses cousins germains ? Les archives de L'Isle-Jourdain ne le disent pas. Mais elles n'en demeure pas moins pour nous une patronne secondaire, qui aura un jour sa statue à l'église paroissiale dans la chapelle de Saint-Bertrand.

Nous aimerons aussi à nous rappeler que c'est probablement à L'Isle-Jourdain que fut écrite la lettre connue du comte Jean IV à Jeanne d'Arc, que les Anglais appelaient par dérision *Jeanne l'Armagnacaise*. La réponse de la sainte fut écrite à Compiègne le 22 août 1430. C'est du même Comte que date la première preuve écrite du souci qu'on avait alors de l'instruction populaire. Dans le budget de l'année 1540, le seigneur de la cité attribue un traitement de quatre moutons d'or (environ 1.800 fr.) à Jean Sperte, régent des écoles ([1]). On sait que les chanoines lislois partageaient avec l'autorité civile le soin de l'enseignement. De l'avis du cardinal de Tournon, archevêque d'Auch, « l'ignorance est une pauvreté qui

---

[1] Cf. SAVERNE, *Hist. de L'Isle-J.*, 1914, p. 305. — SALTET, *Hist. de l'Eglise*, Paris, chez Gigord, 1913, p. 125. « Dès le haut Moyen-Age, chaque cure est une *école* et un *bureau de bienfaisance*, où l'on tient une liste des personnes assistées. Des associations de *secours mutuel* sont organisées sous forme de confréries. Certaines cures sont comme des *séminaires* où des jeunes gens se forment au service des autels. »

SCEAU DE BERNARD D'ARMAGNAC

Comte de Pardiac et de La Marche

Père de la B^se BONNE.

P. LAPLAGNE BARRIS. — *Sceaux Gascons*, n° 162. — Sceau d'une quittance de fonds payés par les États de Limousin le 12 mars 1441. — La B^se Bonne avait alors sept ans.

n'a point de pareille». Aussi, quand ils n'eurent plus leur *Ecole capitulaire* dans le cloître de Saint-Martin, Messieurs du Chapitre se firent un devoir d'inscrire toujours dans leurs revenus la part des Régents. La Collégiale était alors à son apogée, si l'on peut dire ainsi, et l'archevêque de Toulouse, Pierre de Léon, lui donnait sa forme définitive par la rédaction des Statuts du 29 juillet 1489. — Quinze jours auparavant, le 14 juillet, le chanoine Pierre d'Armagnac posait la première pierre de la cathédrale actuelle d'Auch, qui remplace la cathédrale romane de saint Austinde (1062), où avait été sacré saint Bertrand.

En ce siècle, un afflux de population avait obligé de créer plusieurs faubourgs à l'antique *Castrum* lislois. Au faubourg du Pont-Peyrin, on bâtit même une église en l'honneur de saint Odon. A cette occasion eut lieu une reconnaissance solennelle des reliques qui constituaient le principal trésor de la Collégiale. Une parcelle des précieux ossements fut accordée à la nouvelle paroisse (1523). A cette date, la couronne comtale était passée sur la tête de Charles d'Alençon, petit-fils de Marie d'Armagnac, la loi salique n'ayant jamais été observée en Gascogne. Le nouveau Comte était le fils de la Bienheureuse Marguerite de Lorraine, épouse de René, duc d'Alençon.

Mais déjà nous sommes au siècle de la Réforme. Le principal foyer de diffusion du protestantisme dans le Sud-Ouest furent le Béarn et la Navarre, où régnait la descendance féminine de la Maison d'Armagnac, alliée aux sires d'Albret. L'orgueilleuse Jeanne d'Albret, imposait sa foi calviniste sous peine d'amende, de prison et de bannissement. C'est dans ces principes d'intolérance qu'elle éleva son fils, Henri, dernier comte de L'Isle-Jourdain qui devint, en abjurant le protestantisme, le bon roi Henri, *lou nosté Henric.*

§ 3. — Pendant les Guerres de Religion.

On devine que, sous l'influence de la reine de Navarre, le protestantisme s'était assez vite infiltré à L'Isle-Jourdain, mais il ne réussit jamais à y faire de nombreux adeptes, la population demeurant en très grande majorité fidèle à la religion de saint Bertrand. Vers le milieu de l'année 1580, le comte Henri avait rassemblé des masses de troupes qu'il avait logées, on devine dans quel but, sous les cloîtres de la Collégiale et au Couvent des Cordeliers. Pour mieux s'attacher cette soldatesque, Henri lui permit un jour de piller sa bonne ville, trop catholique à ses yeux. Alors chanoines et prêtres furent jetés en prison, un brasier fut allumé en Saint-Martin, où furent consumés les livres de chants, tableaux, statues et archives. *Sept églises furent démolies.* L'acte de notoriété (¹) qui constate ces brigandages en nomme seulement quatre, comme étant plus importantes sans doute : la *Collégiale* (²), *Saint-Ode,* la *Madeleine* et le *Saint-Esprit.* Les autres sont *Sainte-Anne,* église paroissiale de Renoufielle, alors bâtie non loin du château près de la Save; *Saint-Jean,* chapelle des Hospitaliers; enfin *Saint-Antoine* chez les Cordeliers. Peu auparavant, en 1569, la mu-

---

¹ Toulouse, Archives dép., G. 694, 22 août 1611.

² LASTRADE, *Translation*, p. 162, écrit : « La grande église fut démolie avec ses tours et le clocher; il n'en reste que quelques masures qui suffisent pour en faire regretter l'ancienne magnificence ». — Le cimetière actuel est sur l'emplacement de la Madeleine. Quant au Saint-Esprit, il est rappelé, dit-on, par la première croix de la Bascoulette.

nicipalité elle-même s'était crü obligée de détruire Notre-Dame de *Garansole* (à l'est de Robineau) et la chapelle de *Rozès*, trop exposées par leur éloignement. On voit dès lors quels souvenirs pénibles devaient laisser dans la mémoire de nos ancêtres les Guerres de religion.

Henri « ayant donné le sauf-conduit aux Pères conventuels de saint François, ils marchèrent en procession vers Toulouse au nombre de trente-six. Ils furent reçus au Salin, dans un couvent dépendant de l'abbaye de Lézat; ensuite on leur donna une chapelle de Saint-Antoine dans la Grand'Rue où ils se sont bâti, et qui a donné le nom à cet Ordre ([1]) ». — Quant aux membres du Chapitre qui échappèrent, ils se réfugièrent à Toulouse pour surveiller les événements. Les uns après les autres, ils revinrent et leur syndic, le chanoine de Lapierre, fit travailler pendant trois ans à la restauration de Saint-Martin.

Mais en 1585, le terrible *Georges du Bourg*, seigneur de Clermont-Savès, fut nommé gouverneur de la pauvre ville, qu'il devait tyranniser pendant trente cinq ans. Il fit jeter de nouveau à terre la Collégiale à demi restaurée et les chanoines durent reprendre le chemin de Toulouse, où le Parlement mit à leur disposition l'église Saint-Rome. Jusqu'à l'abjuration d'Henri IV, le château comtal fut un repaire de vandales, qui rançonnaient les villes et villages d'alentour et portèrent même leurs ravages jusqu'à la ville de Saint-Bertrand-de-Comminges, dont ils s'emparèrent par surprise.

---

[1] LASTRADE, *Translation*, p. 162. Nous aimons à citer cet auteur, car il s'est documenté auprès des chanoines lislois avant que leurs archives n'aient été détruites par la Révolution.

A l'avènement de Louis XIII, le fanatique gouverneur de L'Isle-Jourdain comprit que son règne touchait à sa fin. Quand il apprit qu'une forte armée royale approchait, il s'empressa d'envisager une capitulation honorable et se laissa acheter (15.000 écus). Mayenne et son lieutenant Villars prirent possession de la ville en la fête de Sainte-Anne, 26 juillet 1621. Aussitôt, pour empêcher tout retour offensif des Huguenots, le *Castrum* fut impitoyablement démantelé, le château lui-même fut rasé, les tours démolies, les fossés comblés. Cependant les chanoines obtinrent la faveur de conserver la *Tour-Clocher*, où ils entretenaient l'horloge régulatrice de leurs offices.

§ 4. — Renaissance catholique au XVIIe siècle.

L'édit de Nantes (1598) n'ayant pas reconnu le berceau de saint Bertrand comme ville protestante, toute la population s'employa avec enthousiasme à la reconstruction de la Collégiale, désormais unique église de la cité. Un procès-verbal de visite pastorale (¹) nous permet de la connaître un peu. Elle avait six autels : 1° celui du Chapitre, où la Sainte Eucharistie était conservée dans un pauvre ciboire en laiton; 2° celui de la paroisse, que dominait la statue de Notre-Dame des Sept Douleurs; 3° celui de Saint-Joseph, dont le rétable tombait en poussière; 4° celui de Saint-Bernard, ancienne nécropole des Sires de L'Isle, qui paraît bien négligée (²) depuis

---

¹ Archives dép. du Gers, G. 357. Visite de Philippe Cospéan, 1er et 2 juin 1615.

² Le comte Jean IV, mort à L'Isle-J. le 5 novembre 1450, se fit inhumer dans la cathédrale d'Auch, où les comtes d'Armagnac avaient leur tombeau, comme héritiers de la couronne comtale de Fezensac.—

l'extinction de la parenté de saint Bertrand; 5° Saint-Ode ou Odon; 6° enfin l'autel du Purgatoire, alors dépourvu de pierre sacrée et qui, au nom du cardinal de la Valette (château de Caumont), est frappé d'interdit.

Tel était l'édifice religieux où, pendant près de deux siècles se déroulèrent les cérémonies du Chapitre de Saint-Martin. Ce serait un intéressant travail que de compulser les Registres des présences canoniales (*Puncta*) et les Tableaux du Chœur (*Tabula Chori*) pour faire revivre aux yeux de la génération d'aujourd'hui la pompe cultuelle, qui a toujours ravi l'âme lisloise. Souhaitons que cette étude tente un jour quelqu'un de nos archéologues ([1]).

Les matériaux des antiques fortifications servirent à la reconstruction du couvent des Cordeliers et à la fondation d'une seconde maison franciscaine, les *Tertiaires Réguliers*, que l'on appela à L'Isle-Jourdain dans l'espoir qu'ils y fonderaient un Collège pour l'instruction primaire et secondaire, comme les Pères Doctrinaires avaient fait à Gimont dès 1545. Le couvent des Tertiaires, bâti en ville, avait son entrée principale sur la rue Maguelonne. Il se maintint jusqu'à la Révolution comme maison de secours et de retraite. Sur son emplacement s'élève aujourd'hui le monumental édifice de la Halle aux Grains ([2]).

Pendant la domination protestante, les chanoines

La bulle de fondation de Jean XXII reconnaît l'usage d'enterrer les paroissiens de L'Isle-J. soit dans l'église, soit au cimetière, usage qui se maintint jusqu'à l'ordonnadce royale de 1776.

[1] Arch. dép. du Gers, G. 361, 362, 363.

[2] Aux Archives de la Mairie de L'Isle-J., il y a un riche fonds franciscain que le R. P. Othon, apparenté à une des meilleures familles de cette ville, voulut acheter quand il composait son *Aquitaine Séraphique* (4 volumes).

avaient eu soin de retirer les reliques de saint Odon de la châsse en argent, sur laquelle les Huguenots firent main basse, et de les placer dans un cercueil de plomb, qui fut transporté à Lévignac et confié au Couvent de Sainte-Claire ([1]). En 1603, ils réclamèrent le précieux dépôt, qui reprit sa place dans la Collégiale où, lors de la visite de 1615, le procès-verbal signale que les ossements sont encore hélas ! « dans un coffre tout nu ».

§ 5. — Retour de S. Bertrand dans sa ville natale par les Reliques.

Pour avoir un aperçu de la vie religieuse de L'Isle-Jourdain au début du XVIIIe siècle, on ne saurait mieux faire que de relire quelques lignes de LASTRADE. Comme nous l'avons dit plus haut (pp. 64-66), c'est en ordre de procession, avec chants et prières, que la délégation lisloise, revenant de Comminges, traversa Montréjeau, Boulogne, Puymaurin et L'Isle-en-Odon, au diocèse de Saint-Bertrand, pour arriver dans la Cathédrale Notre-Dame de Lombez au soir de la fête mariale du 8 septembre.

« 9 septembre et 5e jour de la Translation. — N'ayant pas beaucoup de chemin à faire ce jour-ci, on ne sortit de Lombez qu'après matines, sous les mêmes croix (processionnelles) qu'on y était entré; on trouva ici beaucoup de gens de L'Isle, qui venaient au-devant. A *Endouffielle*, qui a été une terre de la maison de notre Saint, on plaça le pavillon

---

[1] Les Clarisses de Lévignac avaient été fondées, en 1334, par demoiselle Tiburce de L'Isle, comtesse d'Astarac, fille du sire Jourdain V. Héritière de certains biens de la Sirerie, qui avait droit de haut domaine à Pibrac, la pieuse fondatrice légua ses terres de Pibrac au monastère de Lévignac, qui les afferma, vers 1570, à Maître Laurent Cousin, le père de sainte Germaine.

dans l'église. M. de Bon, curé, donna à toute la compagnie le dîner. Non loin de là est le lieu appelé *Pont de la Clau*, où commence le terrain de L'Isle. Au premier pas, la procession s'arrêta et, tout le monde s'étant mis à genoux, on entonna le *Te Deum*. A une petite distance de là, on posa le pavillon dans un oratoire bien illuminé devant le château de M. de Lapeyrie (garde-marteau en la maîtrise des Eaux et Forêts de L'Isle-Jourdain), qui combla d'honnêtetés toute la compagnie. A l'instant on commença à tirer des coups de coulevrine et d'autres pièces de campagne, qu'il avait disposées pour donner le salut et servir de signal à la ville, qui est à une demi-lieue...

« A la nouvelle de notre arrivée, toute la ville courut en foule, la bourgeoisie sous les armes avec des fifres et des flûtes. Après venait la procession du Chapitre (12 chanoines et 24 prébendés), précédée des Confrères du Saint-Sacrement ([1]) (48 hommes et 7 femmes veuves), deux à deux avec un cierge à la main, de la croix des Tertiaires et des Cordeliers de Saint-Antoine... Dans cet ordre on partit du château (les *Quintarrêts* ou mieux le *Quint Arrêt*, 5e arrêt).

« On fit l'entrée solennelle en ville au milieu des acclamations et des applaudissements publics. On plaça la relique sur le grand autel. A chaque côté on mit six gardes tenant le fusil d'une main et une torche de cire blanche de l'autre pendant qu'on chanta Vêpres. Après on porta le buste dans la chapelle qu'on avait préparée. Vers les huit heures, les

---

[1] Les *Statuts* de cette très ancienne Confrérie, dont il sera parlé plus loin, nous fournissent la preuve du culte de saint Bertrand à L'Isle-J. bien avant l'arrivée des Reliques.

consuls et magistrats allèrent allumer le feu de joie sur la place, accompagnés de toute la mousquetterie, laquelle parcourut la ville avec la symphonie et les tambours, faisant des décharges à chaque coin des rues. Dans le même temps, toutes les maisons furent illuminées par un ou deux flambeaux à chaque fenê- tre, tandis qu'on tirait un grand nombre de fusées de la Tour... »

Les fêtes se continuèrent jusqu'au 15 septembre avec trois ou quatre pèlerinages par jour venant de tous les environs. Lastrade ajoute : « Encore que certains jours il y ait eu plus de quatre mille per- sonnes, il n'y arriva jamais aucune espèce de désor- dre... Il se répandit un bruit confus de quelque gué- rison miraculeuse; mais il ne m'appartient pas d'en parler, je laisse à la vigilance et sagesse des supé- rieurs d'en juger. »

Pour faire un tableau achevé de la paroisse sous l'Ancien Régime, il faudrait ajouter la longue liste des cérémonies traditionnelles pour les divers corps de métiers ou *Corporations*. Non seulement· elles avaient leur Messe patronale, leurs processions, mais aussi leurs offrandes. Cf. SAVERNE, p. 136, 298 (Procession de Sainte-Anne, 1751). Même à la veille de la Révolution (1784,1788) le Conseil Municipal inscrit dans son budget le luminaire à payer annuel- lement pour les processions de la Fête-Dieu, de Notre-Dame de Garansole, de Saint-Antoine, etc.

§ 6. — Construction d'une Collégiale digne des Reliques

Cette importante affaire agita les esprits pendant presque tout le XVIIIe siècle. Quatre curés de L'Isle se succédèrent qui ne purent aboutir à triompher des difficultés de l'entreprise :

MM. Noël, curé de mai 1686 à mai 1705; Barelly,

curé de septembre 1706 à octobre 1725; Ribaut, curé de octobre 1725 à décembre 1736; Bézard, curé de décembre 1736 à novembre 1755.

Mais le curé André Bacon (1755-1787) eut la joie de jeter les fondements du majestueux édifice grécolatin que nous admirons encore et d'en bénir le couronnement en 1785. Le Chapitre dut s'endetter de 140.000 livres (plus de 300.000 francs) pour exécuter les plans grandioses soumis à l'archevêque de Toulouse, Loménie de Brienne.

En prévision de la nouvelle Collégiale, les chanoines avaient déjà fait fondre une belle cloche, du poids de 345 kilos, que nous possédons encore et que le langage populaire appelle *La Merlucienne*, parce qu'autrefois, la nuit du Mardi-Gras, elle sonnait à minuit la fin des réjouissances et le début du Carême (en patois, *Merluço* — morue —). On y lit l'inscription suivante :

D. O. M. Ad congregandos populos in unum et clerum ut serviant Domino, capitulum S. Martini Insulæ Jordanis hanc campanan, sumptibus suis conflatam, Deo dicavit, anno 1753.

Patrino : J. F. de Cazaux, præcentore ejusdem capituli.

Matrina vero : Maria Rosa de Vernon de Carréry.

« A Dieu, très bon et très grand. C'est pour appeler à l'église peuple et clergé au service divin que le Chapitre de Saint-Martin de L'Isle-Jourdain à dédié à Dieu cette cloche, fondue à ses frais.

« Parrain : J.-F. de Cazaux, préchantre de ce même Chapitre.

« Marraine : Marie-Rose de Vernon, épouse de Carrery (¹). »

¹ La famille Carrery de Labège se continue actuellement par les Panebœuf. — Peu auparavant une petite cloche avait été achetée par

Dans la Collégiale de 1785, comme dans la précédente, la chapelle de Notre-Dame était affectée au service paroissial (mariages et enterrements). De l'ancien édifice on n'a conservé que le maître-autel en marbre multicolore (très bas rétable) et la Tour-Clocher avec son horloge.

Le 17 juillet 1788, le curé Jean-Paul Henry, natif de Toulouse, et âgé de 34 ans, succéda au curé Bacon. Il assista à la suppression des ordres religieux, à la confiscation des biens ecclésiastiques et vit l'application de la Constitution civile du Clergé. Après la loi de proscription (26 août 1792) portée contre les prêtres orthodoxes, il se réfugia en Espaqne avec six ou sept mille autres confrères, confesseurs de la foi.

§ 7. — Comment furent sauvées les Reliques pendant la Révolution.

Au lieu de faire un récit tragique de la persécution religieuse pendant la Révolution, nous préférons céder la plume à un intègre témoin oculaire, Joseph-Augustin Saint-Laurens, ancien greffier de la Justice de Paix, le sauveur de nos reliques. Sa déposition écrite au Cahier Paroissial et confirmée par d'autres témoins également qualifiés, permit de faire reconnaître par l'autorité ecclésiastique l'authenticité du plus précieux trésor de la Collégiale.

« Je soussigné, natif (1768) et habitant de L'Isle-Jourdain, ayant appartenu au Chapitre, et maintenant fabricien, ai fait la déclaration suivante :

« Vers la fin de l'an VI ou au commencement de l'an VII de la République (1798), alors que les égli-

les chaṇoines. Elle est au-dessus de la Tour et au Midi. *Tintinabulum sumptibus Capituli Insulæ Jordanis, in honorem S. Martini conflatum, anno 1737.*

ses étaient fermées de nouveau et que les lois révolutionnaires de 1792 et 1793 avaient été remises en vigueur contre les prêtres, à la suite de la fatale journée du 18 fructidor an V, le gouvernement ordonna la vente de tout ce qui restait de mobilier des églises. Cette vente était dans les attribuions de la régie de l'Enregisrement et des Domaines. Le sieur Cabanis, de Gimont, était receveur de cette administration au bureau de L'Isle-Jourdain et j'y étais attaché en qualité de surnuméraire.

« L'ordre de vendre le mobilier de l'église étant parvenu à ce receveur, il se rendit avec moi dans l'église de L'Isle pour voir ce qu'il y avait à vendre. Etant dans la sacristie, aujourd'hui salon du presbytère, il ouvrit une encognure où le Chapitre tenait son argenterie. Nous y trouvâmes quatre reliquaires, que je reconnus être les mêmes que j'avais toujours vus dans les chapelles de l'église auxquelles ils appartenaient.

« Je dis au Receveur que les reliquaires devaient contenir : l'un une relique de la vraie *Croix* dans une petite croix de cristal; d'ailleurs cette relique se voyait à travers les verres du reliquaire; un autre, en forme de buste, *la tête de saint Odon*, abbé de Cluny; un 3ᵉ en forme de châsse, les *os du corps* de ce saint abbé, et le 4ᵉ *une côte et une vertèbre de saint Bertrand*, évêque de Comminges.

« Sur mes observations et sur mes instances, le Receveur consentit à me livrer toutes ces reliques. Il me semble que pour cela nous fûmes obligés de forcer les portes des deux reliquaires, qui étaient fermées à clef. C'étaient celui contenant les deux os du corps de saint Bertrand et celui contenant les os de saint Odon, les autres reliquaires n'étant fermés que par des vis de fer.

« Dans le reliquaire en forme de buste ne₊fut point trouvée la tête de saint Odon, parce que le receveur me dit l'avoir donnée au sieur Teste aîné (Paul, ancien sacristain), qui la lui avait demandée quelques jours auparavant.

Dans le reliquaire à vitres était la croix de cristal contenant une relique de la vraie Croix; je pris cette Croix. — Dans le reliquaire ou châsse de saint Bertrand, nous trouvâmes dans un vieux taffetas blanc, serré par un galon d'or faux, une côte et une vertèbre. Le Receveur ne voulut me laisser prendre que la côte. Il garda la vertèbre pour la donner à sa mère, qu'il me dit avoir une vénération particulière pour saint Bertrand. Je savais que Mme Cabanis était très religieuse. — Et dans le reliquaire ou châsse de saint Odon, nous trouvâmes une grande quantité d'ossements enveloppés dans un vieux taffetas blanc. Je pris tous ces ossements.

« Je dois faire observer ici, que dans aucun reliquaire ne fut trouvé d'*authentique*. Je pensais alors et je crois encore que ces actes, qui étaient sans doutes déposés aux archives du Chapitre, avaient subi le sort de ces archives, qui avaient été brûlées sur la place publique de L'Isle avec les statues de l'église.

« Ainsi, je me trouvais en possession de la relique de la vraie Croix, d'une côte du corps de saint Bertrand et des ossements du corps de saint Odon trouvés dans la châsse. Mais je ne pouvais, sans courir quelque danger à cause des malheurs de ces temps-là, traverser la ville pour me rendre chez moi, porteur de ces ossements. Aussi je pris le parti d'aller chez le sieur Thoulouze, notaire, très religieux et proche voisin de l'église; je lui laissai la côte de saint Bertrand et tous les ossements de saint Odon. Je gardai la croix de cristal contenant la relique de la vraie Croix.

Peu de jours après, le sieur Thoulouze me dit avoir remis le tout au sieur Fontan, père (ancien doreur et sculpteur). Cet homme était si religieux que, malgré la rigueur des temps, il a toujours eu dans sa maison une chapelle à laquelle des prêtres cachés venaient souvent dire la messe pendant la nuit.

« Cette côte de saint Bertrand et les ossements de saint Odon demeurèrent chez le sieur Fontan, jusqu'au jour où il les remit à M. l'abbé Fourment (vicaire) lorsque l'exercice du culte catholique fut rétabli après le 18 fructidor de l'an VIII. Ce prêtre ne manqua pas probablement de faire jurer par le sieur Fontan que ces ossements étaient les mêmes que ceux qu'il avait pris chez le sieur Thoulouze. Ils furent remis dans leurs reliquaires respectifs.

« Mais il manquait la vertèbre du corps de saint Bertrand. Elle fût rapportée et mise dans la châsse de ce Saint par M. l'abbé Belbezé, ancien prébendé du Chapître de L'Isle, qui était allé à Gimont pour la réclamer à Mᵐᵉ Cabanis. — Déjà le sieur Testes avait remis la tête de saint Odon à M. l'abbé Fourment. Cette relique fut replacée dans le buste du saint abbé. Déjà aussi j'avais rapporté à l'église la relique de la vraie Croix. Elle était toujours demeurée en mon pouvoir, placée aussi décemment que possible dans l'armoire de ma bien respectable mère. Au reste, cette relique, à cause de la croix de cristal qui la contenait, est tellement reconnaissable que personne n'a jamais douté de son identité. Je jure que le buste et les deux châsses sont les mêmes que j'ai toujours vus dans l'ancienne église et dans l'église actuelle avant et depuis la Révolution. »

§ **8.** — **Les premiers curés concordataires : Henry et Fauré.**

Les orgies de la déesse *Raison* se déployèrent dans la chapelle des Tertiaires et non dans la belle Collégiale de 1785, qui fut simplement transformée en salle de réunion et en grenier public. Après le Concordat de 1801, le curé *Paul Henry* repassa les Pyrénées et vint reprendre la direction de sa paroisse qu'il trouva méconnaissable malgré le zèle périlleux de quelques prêtres déguisés, comme on vient de le lire.

En vertu du principe qui attribuait aux diocèses concordataires les limites mêmes des nouveaux départements, L'Isle-Jourdain se trouvait désormais placée sous la houlette des archevêques d'Auch, et provisoirement des évêques d'Agen, le siège d'Auch n'ayant été rétabli qu'au concordat complémentaire de 1822. Mais que pouvaient les chefs des nouveaux diocèses en présence d'une extrême pénurie d'ouvriers évangéliques ? Le cataclysme révolutionnaire avait réduit des deux tiers leur nombre. Plus de maisons religieuses à L'Isle-Jourdain, plus de Chapitre, à peine quelques vieux vicaires, anciens prébendés. Le pauvre curé dut même attendre jusqu'en 1805 la création de son Presbytère, qui fut adossé au chevet méridional de l'église. Or sa paroisse était beaucoup agrandie par la suppression de celle de Renoufielle, puis de celle de Cassemartin, annexe de cette dernière. Cependant le chiffre de la population n'était que de 3.792 âmes.

Admirablement secondé par son vicaire, M. l'abbé Jean Fauré (né en 1759 à Labastide-Savès), le curé Henry se préoccupa d'abord de ressusciter et de revalider les trois principales Confréries : le *Rosaire*, le *Sacré-Cœur* et la *Confrérie du Saint-Sacrement*, de toutes la plus ancienne, que nous avons remarquée à la fête du 9 septembre 1733. Dans un opuscule édité en 1844 par Espirac, imprimeur à L'Isle-Jourdain, on lit que cette pieuse Association, qui remonte peut-être aux premiers jours de la Collégiale (¹), fit revalider ses Statuts par le cardinal de Joyeuse, le 7 août 1596. A l'article V, qui énumère les fêtes chomées, nous sommes heureux d'y trouver celle de saint Bertrand. Le nombre des Confrères était limité à 72 et celui des Confréresses-Veuves à 7 « en l'honneur des sept joies qu'eut la Vierge Marie après que Notre-Seigneur fut ressuscité ». Autrefois on se disputait l'honneur d'appartenir à cette confrérie dont les places étaient comme héréditaires. La grande cloche de 1753 lui était réservée. — Les antiques statuts ont été légèremnt modifiés par le curé Taste, qui les fit approuver par Mgr de la Croix, archevêque d'Auch, le 31 août 1843.

La Révolution avait laissé pour ainsi dire l'église toute nue. Il fallut donc la meubler. Dans l'ancien Chœur des chanoines, le vieil autel subsistait ainsi que les stallés. Le vicaire Fauré fit exécuter à ses frais le grand lambris qu'on y admire. Ce fut l'œuvre des frères Belleserre, menuisiers (1824). — Un bel autel en marbre blanc fut placé à la chapelle du Rosaire, que domina une Piéta expressive. Cette dévotion aux Sept-Douleurs, si répandue autrefois dans toute la Gascogne, est le fruit des prédications de saint Philippe Béniti de l'Ordre des Servites.

---

¹ C'est le pape Jean XXII qui a prescrit pour la fête du T. S. Sacrement (instituée par Urbain IV en 1263) la procession solennelle extérieure. A Montaut en Fezensac, dont les barons étaient apparentés aux sires de L'Isle, existait la confrérie du *Corpus Christi*, la plus ancienne du pays; les Statuts dataient de l'an 1230. BRUGÈLES, p. 452.

(1285). — Quand une belle Madone, en bronze argenté, du type de Notre-Dame de France, fut donnée à cette chapelle de la Vierge, le curé Liesta créa dans l'église une 5° petite chapelle, toute petite, où la vénérable statue de la Pié‘a est conservée.

Après l'autel de Notre-Dame, on s'occupa des trois autres où furent dressés des autels provisoires en briques. En 1820, on fit à la statue de saint Odon cette gloire où les rayons du soleil, tamisés par des verres en couleur se jouent dans des nuages en plâtre. Une grande statue dorée fut donnée par la veuve M. née Fontan, pour l'autel de saint Bertrand. Enfin un saint prêtre l'abbé Armand de Cahuzac (1777-1855), qui avait quitté l'armée et la carrière diplomatique pour entrer dans les ordres à l'âge de quarante ans, et qui professait une particulière dévotion pour saint Bertrand (¹) fit présent à la paroisse de L'Isle-Jourdain de quelques vases sacrés en vermeil, auxquels le duc d'Angoulême, dauphin de France, ajouta un grand ostensoir.

Il faut dire que la grande Mission de 1817 contribua plus que toute autre œuvre à guérir les plaies que la Révolution avait faites aux âmes. Le curé Henry et ses trois vicaires (Fourment, Fauré et Mélac) et les quatre Missionnaires toulousains (de Chièze, Miquel, Chamayou et Capoul) eurent assez de peine à suffire aux demandes des pénitents. Le

---

¹ Voir son panégyrique de saint Bertrand, imprimé à Toulouse (1835). — Il prononça celui de saint Odon quand le marquis Odon de Pins-Monbrun offrit à l'église (1836) le bel autel en marbre qu'on y voit encore. — En 1853, le célèbre liturgiste Dom Guéranger implora pour son abbaye de Solesmes une relique du fondateur de Cluny. On lui donna un humérus. — En 1859, nouvelle ouverture de la châsse pour donner au diocèse d'Autun une relique, qui fut reconnue par le docteur Frédéric Cavaré pour la clavicule droite.

P. Capoul étant mort en chaire, subitement, on fit appel au vénérable doyen de Cologne, le chanoine Chabanon, ancien vicaire général du diocèse de Lombez. Cette mémorable Mission eut pour souvenirs : 1° la grande croix des processions dominicales qui était dans un petit square, au midi de l'église, là où s'élevait autrefois le cloître de Saint-Martin; 2° une gracieuse statue processionnelle de la Vierge, qui portait cet exergue: *Pietate civium*, pieux présent des citoyens de L'Isle-Jourdain. — Le bon curé mourut le 11 juillet 1830, réconforté par les conversions de jour en jour plus nombreuses, et il désigna pour son successeur son vicaire éminent, qui avait été pendant vingt cinq ans son bras droit.

Le curé Jean Fauré reçut aussitôt ses pouvoirs du cardinal d'Isoard, archevêque d'Auch. Il était malheureusement sur l'âge, mais il avait un jeune vicaire, l'abbé *Taste*, son collègue depuis huit ans, dont le succès de bon aloi, permettait déjà les plus belles espérances .Un autre vicaire, encore plus jeune, lui fut donné dès sa nomination. C'était l'abbé *Bertrand Caillau* (1800-1855) natif de Marsan (¹) qui avait été pendant quelques mois curé de Pessan près d'Auch; il avait renoncé à sa cure pour devenir le secrétaire du célèbre abbé de Montesquiou, duc et pair, ancien ministre de l'Intérieur. Au moment de partir pour Paris, un malentendu survint et l'abbé Caillau accepta comme provisoire une place de vi-

---

¹ A peine le couvent de Notre-Dame fut-il fondé que l'abbé Caillau y plaça comme pensionnaire sa nièce, Marie, qui garde encore toute sa lucidité, malgré ses 96 ans, et raconte volontiers qu'elle a eu pour professeur, Mère Biar, qui a été la dernière Supérieure de cette sainte maison. Marie Caillau a été à son tour une institutrice digne de Notre-Dame, à Castelnau-Barbarens (Gers).

caire qu'il conserva pendant quatorze ans. La grande œuvre que ces deux vicaires et leur septuagénaire curé entreprirent sans tarder, ce fut la création d'une maison d'éducation religieuse pour les jeunes filles.

Sous l'Ancien Régime, L'Isle-Jourdain porta souvent envie aux villes avoisinantes qui possédaient des couvents de femmes. Au XVIIᵉ siècle on faillit avoir des Ursulines, comme on espéra vainement les Jésuites. En 1786, l'Hôpital ouvrit ses portes aux Filles de la Charité, fondées par saint Vincent de Paul. La Révolution les chassa presque aussitôt et fit même démolir le clocher qui faisait l'ornement de cette maison des Pauvres.

C'est sur l'ordre de *Notre-Dame*, fondé par la Bienheureuse Jeanne de Lestonnac, que le clergé lislois jeta les yeux. A ce moment il se multipliait dans tout le Sud-Ouest grâce au zèle de la vénérée Mère Thérèse du Terrail, l'intrépide restauratrice de l'Ordre. Le cardinal d'Isoard joignit ses instances à celles du curé Fauré et Mère du Terrail partit elle-même, en dépit de ses 74 ans, avec les Mères Astrié, de Saint-Laurent, de Carbon, sœur Marthe et une postulante. Elles arrivèrent le 20 juin 1833 au milieu des transports de joie de toute la ville et furent installées à l'Hôtel du Lion d'Or, en face de l'auberge de la Croix-Blanche. Ce local ne paraissant pas favorable au silence religieux, un échange fut fait avec Lille, aubergiste rue des Fossés, qui fonda aussitôt l'Hôtel de France à la place des classes et des cellules des moniales.

Vers la fin de cette année 1833, la vénérée Restauratrice reçut une lettre du pape Grégoire XVI, la priant de venir faire une fondation dans la Ville Eternelle. Elle obéit avec empressement, bravant les fatigues de la diligence et de la traversée. Arrivée à

Rome le 12 avril 1834, elle y mourut saintement le 12 juillet, trois mois après (¹).

§ 9. — Le curé Taste (1838-1867).

Le curé Fauré mourut le 18 octobre 1838, ayant presque atteint l'âge de 80 ans. Un jour que le cardinal d'Isoard avait particulièrement remarqué son 1er vicaire, l'abbé Taste, il le lui avait pris pour en faire le secrétaire général de l'archevêché. Dans les bureaux ce prêtre actif s'exerçait sans doute à la conduite des affaires ecclésiastiques, mais le cardinal voyait bien que le garder au secrétariat, c'était cacher la lumière sous le boisseau, comme dit l'Evangile. Aussi s'empressa-t-il de le renvoyer à L'Isle-Jourdain avec le titre de curé.

Le *curé Taste* a été, pendant près d'un demi-siècle l'âme de la paroisse de L'Isle. Né à La Sauvetat (Gers), — où sa famille est dignement représentée au service de l'autel (²) — l'abbé Taste venait d'être ordonné prêtre dans la cathédrale d'Agen le 23 mars 1822, quand il fut nommé vicaire du curé Henry. Il revenait à son cher troupeau après quatre années d'absence seulement, déployant aussitôt, dit son biographe (³) « cette action puissante qui, par ses généreux et constants efforts, devait transformer la paroisse ».

Heureux de la fondation du Pensionnat de Notre-

---

¹ Cinq ans plus tard, son corps était encore souriant, souple, en parfait état de conservation et répandant un suave parfum. — Voir sa Vie (600 pages) par une Religieuse (Mère Sorbet) du couvent de Toulouse, 1914.

² M. l'abbé LAUZERO, licencié en grammaire et histoire, directeur du Petit Séminaire d'Auch.

³ Cyr SAINT-LAURENS, juge de paix. *Notice biographique de l'abbé Taste.* Brochure de 35 pages qui se trouve encore dans tous les foyers

Dame, il se préoccupa de donner à la jeunesse masculine des maîtres religieux, comme Chapitre et Consuls en révèrent pendant deux cents ans. Certes, la municipalité était prête à donner le local des anciens Cordeliers, transformé en caserne de Gendarmerie. Mais les fonds manquaient. Le jeune curé n'abandonna pas pour cela son projet. Sur ses conseils, la dame Joséphine Desalase, propriétaire de la métairie du Ressègayré, veuve du peintre toulousain Saurine, inscrivit dans son testament un legs de 20.000 francs à la Commune pour la fondation d'une école de Frères. Elle mourut le 2 décembre 1848. Les agitations de la 2° République ne permirent pas de faire immédiatement la fondation. Cependant curé et maire (Lamothe) se mirent en relations avec le célèbre Fr. Philippe, supérieur général des *Frères des Ecoles Chrétiennes*, ordre fondé par saint J.-B. de la Salle. Dans les premiers jours de novembre 1852, arrivèrent au presbytère trois Frères : Simian, Leander et Lieban. Charles Simian fut autorisé comme 2° instituteur communal, le 1er rang étant conservé à l'école de Bertrand Gensac. L'établissement avait été bâti auprès de la chapelle Saint-Antoine, embrassant le cloître mortuaire et laissant libre les locaux de la Gendarmerie. Il fut bénit le 2 janvier 1853. Avant la fin de l'année scolaire, le succès était tel qu'il fallut faire appel à un 4° Frère. Dans son Cahier de Paroisse, l'heureux curé se glorifie de posséder alors trois écoles religieuses : Notre-Dame, 87 élèves et un Pensionnat; les Frères, 150; les Filles de la Charité à l'Hôpital, une centaine. Il y avait aussi

lislois. Le produit de la vente de cet opuscule servit à créer une chapelle au cimetière, où le saint curé fut représenté en sculpture dormant sur son tombeau.

deux excellentes institutrices libres : Mlle Bouchic et Mlle Trouette (Mme Abadie) (¹).

L'enseignement chrétien est l'avenir d'une paroisse. Ces écoles étaient une riche pépinière de vocations parmi lesquelles il y eut *vingt-deux* prêtres, tous vivants à la mort du bon curé. Quelle auréole ! Mais une foule d'autres œuvres sollicitèrent le zèle du curé Taste. A l'église, 24 tableaux à l'huile vinrent garnir les encadrements que l'on connaît, notamment un saint Bertrand entouré du clergé, dû au pinceau de Saurine. Un bel orgue (15.600 francs) remplaça les trop archaïques instruments joués par l'abbé Fourment ou par Augustin Saint-Laurens. Un *dais* qui n'a pas son pareil dans tout le diocèse, fut acheté à frais communs par la Fabrique et la Commune (Léonard de Chasteigner, maire). Les *fonts baptismaux* furent ornés d'un grand portail métallique. La *Chapelle de l'Immaculée Conception* fut bâtie au Couvent (1857), les matériaux étant à bon compte (²) puisqu'on créait alors la place de la Mairie. Elle fut bénite le 8 décembre 1859 et, depuis lors, elle a servi de *chapelle de secours* jusqu'à l'expulsion des religieuses le 25 septembre 1904. Le bras droit du curé pour les œuvres extérieures mérite

---

¹ Pour la persévérance de cette jeunesse, une bibliothèque paroissiale fut fondée en 1845 avec un premier fonds de 400 volumes. Bientôt il y en eut un millier. Les livres furent installés à côté de la chapelle des catéchismes et de la Congrégation des Enfants de Marie que Mgr de La Croix avait bénite le 20 mai 1845. Cette chapelle est au-dessus de la sacristie.

² La construction par Maybon coûta 12.000 fr., que le clergé et Z. Taupiac recueillirent par souscriptions. Le prix de l'autel en marbre blanc s'éleva à 1.200 fr. — Le chevet fut doté d'une grande statue de Notre-Dame que le maire Chasteigner donna pour la Première Communion de sa fille, Irène.

d'être cité ici, c'est Zacharie Taupiac, avocat, le plus dévoués des fabriciens (¹).

Le *carillon lislois* n'était pas en harmonie avec les richesses mobilières de l'église. Mais le moyen de loger un bourdon dans une tour si étroite en apparence ? Le problème fut résolu à la longue et, le 5 mai 1864, un solennel baptême de clochès réunissait la population. Le bourdon (1159 kg.), donnant la note *mi* porte cette inscription :

AD LAUDEM DEI ET IMMACULATÆ CONCEPTIONIS B. M. V. ANNO 1864.

Parrain : Léonard-Louis de Chastaigner, maire.

Marraine : Dᵒˡˡᵉ Marie-Anaïs de Barbazan.

Curé : Jean-Baptiste Taste.

Prés. de la Fabr. : Auguste-Paul de Queirats.

La seconde cloche fut dédiée à saint Bertrand de L'Isle, le glorieux enfant de la localité; elle ne pèse que 572 kgs; note *sol* dièze.

SANCTE BERTRANDE O. P. N. ANNO 1864.

Parrain : Samuel Lamothe, cons. gén. du Gers.

Marraine: Marie de Narbonne, marquise de Panat.

La cloche de 1753 donnant le *si*, on a donc réalisé l'accord parfait de tierce mineure. Combien de Lislois se rappellent le périlleux envol des trois cloches vers la haute tour (33 m.) dont il fallut ébrècher une des fenêtres pour livrer passage au monumental carillon ?

Comme le Bienheureux J.M. Vianey, curé d'Ars (²),

---

* Qui ne pense aussi à Mᵒˡˡᵉ Zénobie Taupiac, la marguillière légendaire ? — et à Mᵒˡˡᵉ Louise Bacon qui la précéda et qui, morte à Monferran (1847), ne fut transportée au cimetière de L'Isle-J. qu'après qu'on eût donné son cœur comme relique aux Monferrannais, car on se disputait son corps.

² C'est à la sainte mémoire du curé d'Ars (1786-1859) que l'on doit

qui avait sans cesse recours aux *Missions* pour maintenir très haut le thermomètre de la piété, le curé Taste mettait tous ses moyens en œuvre pour procurer un si précieux bienfait à ses ouailles. Qui n'a entendu parler de la mission de 1840, où deux Jésuites de Toulouse étaient secondés par les Pères Abadie et Ducuron, des Missionnaires d'Auch. Chaque jour, deux sermons en français et deux en patois, dont le 1er à 5 heures du matin. Il fallut onze confesseurs pour répondre aux désirs des pénitents. En outre du curé et des quatre vicaires, on fit appel à l'abbé de Cahuzac et au curé Fauré, de Marestaing. Communion générale le jeudi 16 février. Autre communion, presque aussi générale, le dimanche suivant. Croix monumentale commémorative portée par 200 jeunes gens depuis la Halle jusqu'à la croix de 1817, qui fut ainsi remplacée. Le lendemain, confirmation : 684 personnes. Résultat, pas de bal de tout cet hiver, pas même pour Carnaval !

La caractéristique du curé Taste, c'était son ardente *dévotion à la T. S. Vierge*. Aussi quelle joie pour lui quand Pie IX proclama l'Immaculée Conception ! Il décida que la chapelle du Couvent rappellerait cet événement. Puis il organisa une fête splendide pour le 11 février 1855, — sans se douter que Notre-Dame de Lourdes choisirait, trois ans après, cette date du 11 février pour son apparition. L'illumination fut féérique jusqu'à la plus humble maison des faubourgs. La municipalité ordonna quatre feux de joie et laissa au clergé l'honneur d'allumer celui de la Place du Marché. — Mais il manquait une statue extérieure de Marie pour les pro-

la statue de sainte Philomène, si honorée pendant la neuvaine qui accompagne la fête le 11 août de chaque année.

cessions. Ce fut le souvenir de la Mission de 1865 et comme le couronnement des œuvres du saint curé (¹). Il choisit le plateau dominant le faubourg de Robineau, faisant ainsi revivre les traditions de N.-D. de Garansole, voisine de cet endroit. Parmi les Missionnaires-Capucins, il y eut le célèbre P. Marie-Antoine, qui fit des conversions qu'on appelerait presque miraculeuses. Quand Mgr Delamarre, archevêque d'Auch, compta *quinze cents hommes* à la table de Communion, il ne put s'empêcher de pleurer de joie. La clôture (20 octobre) avait été placée sous le patronage de saint Bertrand, dont la paroisse célébrait la fête (²). Combien il fut, ce jour-là, heureux et fier de ses compatriotes, qui honoraient ainsi la Reine du Ciel, devenue gardienne de sa vieille cité : *Posuerunt me custodem*

« Comme la lampe du sanctuaire, le curé Taste s'est épuisé en éclairant ». Il mourut presque subitement le lundi 14 janvier 1867 et on lui fit des funérailles triomphales. Sa tombe domine le cimetière de Sainte Marie-Madeleine et le curé Bernès (1895-1899) a eu l'heureuse pensée de grouper dans ce caveau les restes des autres Curés et de ceux de quelques prêtres dont les familles ne réclamèrent pas les corps. Sur le frontispice de ce caveau sacerdotal on lit ces touchantes paroles : *Pastores inter oves* : les pasteurs au milieu de leurs brebis. De tous ces pasteurs le curé Taste est celui dont la grande mémoire vivra le plus longtemps.

---

¹ Cyr SAINT-LAURENS a publié un opuscule racontant cette Mission.

² En 1855, un maçon lislois, guéri des fièvres par l'eau de la fontaine de Saint-Bertrand, s'offrit au curé Taste pour bâtir, à titre d'ex-voto et avec le seul frais des matériaux, un édicule qui rappellerait l'antique chapelle de Rozès : ce qui fut accepté avec empressement en attendant mieux ?

§ 10. — Le curé Liesta (1867-1884).

Les successeurs du curé Taste n'auront plus qu'à conserver et maintenir dans leur ferveur initiale toutes les œuvres de son zèle : trois établissements d'éducation chrétienne. Saint-Sacrement, Rosaire, Sacré-Cœur, Bonne-Mort, Enfants de Marie, Tiers-Ordre franciscain et dominicain. Conférence de Saint Vincent de Paul, Dames de Charité, Catéchistes volontaires, Bibliothèque paroissiale, Propagation de la Foi, Sainte-Enfance. En outre, deux chapelles de secours : celle de l'Hôpital Saint-Jacques, qui remplace Saint-Ode pour ce faubourg, où les admirables filles de la Charité continuent, depuis 1786, l'œuvre des deux D^elles de Fargia, héritières elles-mêmes du persévérant dévouement des Ordres Hospitaliers et de la Collégiale (¹) — celle de l'Immaculée Conception au Pensionnat Notre-Dame, bel oratoire du style ogival avec peintures murales dans le genre du XIVᵉ siècle. Après toutes ces restaurations et tant de créations, ne semble-t-il pas que la paroisse est à son apogée ?

Cependant le *curé Liesta*, toujours avec l'aide de Zacharie Taupiac, son admirable collaborateur pour les affaires extérieures, va ajouter encore à l'œuvre si complète de son prédécesseur. Sa dévotion particulière était le culte de saint Bertrand (²). Il choisit

---

¹ Archives dép. du Gers, G. 357. — Arch. dép. Préf. Toulouse, B. 334. Arrêt autorisant Pierre Faget, commandeur du Saint-Esprit à L'Isle-J. à quêter dans tout le diocèse de Toulouse (1614).

² C'est le curé Taste qui, dès son arrivée, a doté la chapelle du Saint d'un autel en marbre et de deux colonnes (1838), tandis qu'il utilisait le vieil autel en le transportant à la chapelle de Saint-Joseph dont Mlle de Larribaut offrit la croix et les grands chandeliers en 1849. — C'est lui aussi qui enrichit le trésor de l'église d'une relique

donc le dimanche 20 octobre pour faire la grande manifestation populaire de sainte Germaine, béatifiée depuis le 7 mai 1854, et qui venait d'être canonisée (29 juin). On pavoisa et illumina avec un enthousiasme qui approchait du délire. La statue, portée par quatre prêtres, passa dans toute la ville. Il semblait que la fête du 11 février 1855 fût surpassée. Quoi d'étonnant ? Le mercredi 16 octobre, la cité avait été honorée d'un miracle de sainte Germaine. Une jeune lisloise, percluse de ses membres, s'était fait transporter à Pibrac pour y célébrer la fête de saint Bertrand. Au moment de la communion, elle se lève et va déposer ses béquilles sur la châsse de la pauvre bergère, tandis que parents et amis pleuraient de joie. Le lendemain, Onésie Faret se rendit à pied à Segoufielle (4 kilomètres), prouvant ainsi que la guérison était aussi radicale qu'instantanée. Elle suivit sans fatigue les fêtes et la procession organisée par le curé Gilardeau pour célébrer la canonisation (¹). Le dimanche suivant et longtemps après on ne parlait que de ce miracle que tout le pays put constater.

Le curé Liesta conçut aussitôt le projet d'élever une *colonne monumentale* à saint Bertrand. Mais auparavant il voulait restaurer la voûte de l'église et débarrasser les abords du sanctuaire des deux colonnes (semblables à celles qui restent aux quatre chapelles) auxquelles la Mission de 1853 (Fondation de l'Ecole des Frères) avait ajouté deux anges adorateurs. Entre les deux colonnes, un entablement et un

de saint Martin, donnée par le Marquis de Pins (17 oct. 1838), qui l'avait obtenue de Mgr de Quélen, archevêque de Paris.

¹ Mˡˡᵉ Faret réalisa bientôt après le vœu conditionnel qu'elle avait fait à sainte Germaine, sous la protection de saint Bertrand. Elle entra dans l'Ordre des Sœurs de la Croix, à l'hôpital de Saint-Girons.

arc triomphal supportaient un grand Christ. Les peintures de la voûte (Galès, échafaudeur; Engalières, peintre) rallièrent tous les suffrages. Mais on critiquait la démolition des colonnes. Elle ne put avoir lieu qu'en 1873 lorsque l'église fut agrandie en reculant l'autel capitulaire. On ajouta à l'autel un rétable et un ciborium en marbre blanc dans le style de l'édifice. Avec les démolitions on construisit la colonne et le square de saint Bertrand que Mgr de Langalerie vint bénir le dimanche 22 octobre 1876, solennité du glorieux enfant de L'Isle-Jourdain. Tous ses compatriotes prêtres furent exacts à l'invitation du curé Liesta qui vécut alors, dit-il, le plus beau jour de sa vie. Le clergé revendiqua l'honneur de porter le grand Pavillon de 1733. Quand l'archevêque d'Auch parut en chaire au pied de la colonne (¹) pour haranguer l'immense foule, on eut l'impression de sentir saint Bertrand lui-même bénissant la cité.

Dix-huit mois plus tard, Mgr de Langalerie revint pour prêcher le Carême et préparer par une fructueuse Mission la communion de plus de mille hommes. Quelques jours auparavant, Pie IX était mort et la mauvaise presse, qui s'infiltrait alors sournoisement prédisait la fin de l'Eglise et de toute religion. Sans se laisser entamer par ces prophéties trop intéressées, la population avait acclamé Jésus-Christ et l'Eglise en allant accompagner son Archevêque à la gare, nouvellement inaugurée.

Sous les jours du curé Liesta, l'église s'enrichit encore de deux lampes en argent, don de M^llo de Bar-

---

¹ Sur cette partie de l'ancienne Place du Château où se dresse la colonne, les Huguenots avaient bâti leur Temple qui fut détruit, sans de grandes protestations, avant même la révocation de l'édit de Nantes.

bazan (1870 et 1874) ; de six stalles en cœur de chêne, d'une chapelle dė Notre-Dame des Sept-Douleurs, d'une installation nouvelle au fond de l'édifice pour l'orgue, d'un square de sainte Germaine à gauche de la porte d'entrée (1), d'une chapelle de Congrégation donnée parM^{lle} Suzette Cavaré, enfin d'importantes décharges construites derrière les chapelles du bas de l'édifice. Après la mort subite du curé Liesta (5 mars 1884), Mgr de Langalerie vint

1 Le culte de la pauvre Bergère a toujours été très populaire chez les Lislois, comme on peut le voir chaque année le 15 juin. Il se rattache en quelque sorte à celui de saint Bertrand, la localité de Pibrac étant du comté de l'Isle-J. et ayant eu longtemps pour grands feudataires les sires de l'Isle. En 1334, une D^{elle} de la noble maison donna au monastère des Clarisses de Lévignac, en le fondant, des terres qu'elle possédait hériditairement à Pibrac. Le fermier des Religieuses fut un jour *Maître Laurent Cousin*, qui avait ses terres voisines des leurs. Laurent Cousin était Breton et on ne sait pas encore comment il vint se fixer dans le pays, où il se maria trois fois. C'est du 3e lit qu'il eut sainte Germaine, alors qu'il était au moins sexagénaire. Son fils aîné, Hugues Cousin, avait alors 35 ans. Marié deux fois, celui-ci avait deux enfants du 1er lit, à l'égard desquels sa 2e femme, Armande de Rajols, se conduisait déjà en terrible *Marâtre*. On devine comment cette furie accueillit la naissance de sa petite belle-sœur, paralysée d'une main et scrofuleuse. Germaine naissait à l'heure presque où les Huguenots détruisaient les sept églises de la patrie de saint Bertrand. Elle perdit sa mère en venant au monde et son père en 1581, ce qui la plaça entièrement sous l'autorité de la Marâtre, son indigne belle-sœur. On connaît la vie de Germaine, toute de piété, de résignation et de sacrifice. Ce que l'on connaît moins c'est l'état pitoyable dans lequel se trouvait, à la fin de XVI° siècle, l'église de son baptême, pauvre et ouverte à toutes les intempéries, où elle se plaisait néanmoins à passer son entière journée du dimanche. Même en 1603, deux ans après qu'elle eut été inhumée au tombeau de son père, près de la chaire, le doyen de L'Isle-J., Ferdinand Alvarus, chargé d'une visite canonique, constatait le délabrement de cet édifice, qui allait bientôt devenir célèbre à cause de l'humble Bergère. — Voir 3e volume des SAINTS du *Calendrier diocésain d'Auch*, par J.-M. BÉNAC, 1923.

en personne présider le service de neuvaine et expri-
mer les regrets de la paroisse et de tout le diocèse.

§ 11. — Les derniers curés : Lèche (1884-1893), Loumagne (8 mois), Bernés (1895-1899), Forgues (1894-1908).

Serait-on pleinement persuadé que l'histoire d'une paroisse se résume en celle de son administrateur, on concevra facilement que notre travail d'annaliste doit s'arrêter aux trente dernières années. Mais il y a, en plus, des circonstances plus puissantes que les meilleures volontés. C'est ce qu'il ne faut pas oublier quand on constate la décadence de toutes les paroisses de France à la suite des lois antireligieuses, forgées naguère par l'enfer. Loi du 28 mars 1882 sur la neutralité et la laïcité de l'enseignement. Loi du 30 octobre 1886 sur la laïcisation du personnel enseignant des écoles publiques. Loi du 8 juillet 1904 interdisant tout enseignement aux membres des congrégations religieuses. Loi du 9 décembre 1905 instituant la Séparation de l'Eglise et de l'Etat. Telles sont les stations principales du Calvaire que viennent de gravir tant de bons serviteurs de l'Eglise et de la France. Ce fut et c'est encore une épreuve. Mais l'épreuve n'a qu'un temps. La paroisse de L'Isle-Jourdain a connu tant d'heures tristes, on l'a vu, dont saint Bertrand l'a sauvée ! Ses curés ne se décourageront donc pas des revers *momentanés* qu'ils subissent. Si ces revers sont plus apparents ici qu'ailleurs, c'est que l'ascension des âmes vers le bien y avait été plus haute et plus admirable. Encore quelques luttes de résistance et nous repasserons certainement à l'apostolat conquérant, comme aux XVIIe et XIXe siècles. Le divin fondateur de l'Eglise a voulu qu'elle fut militante, sans jouir jamais d'une paix complète. Comme le vaisseau héraldique de Paris, la barque de Pierre est ballottée, mais ne sombrera pas : *Fluctuat nec mergitur*.

Par un sentiment de piété filiale pour le vénéré M. Taste dont il avait été le vicaire, le curé Lèche commença par s'occuper d'établir au cimetière une chapelle qui rappellerait l'antique paroisse rurale de la Madeleine, dont le champ du repos était devenu l'unique nécropole lisloise depuis 1753. Les restes des curés Taste et Liesta y furent transférés (1885) et la vieille croix en fer et fonte qui abritait déjà tant de tombes, la plupart anonymes, fut plantée sur le dôme du nouvel oratoire (3.000 fr.)

Le carême de 1887, prêché par le P. Manein, groupa encore un millier d'hommes à la Sainte Table. Fier de ce résultat qu'aucune autre paroisse ne pouvait lui envier, le curé Lèche résolut de couvrir de fresques les murs de son église. Un contrat fut passé entre le docteur Frédéric Cavarré, au nom de la Fabrique et le peintre bordelais Terral. Le travail de l'artiste dura deux ans environ (1889-1890) et coûta près de 10.000 francs. Avec la magnifique *chaire eucharistique* donnée alors par un prêtre de l'une des meilleures et des plus anciennes familles de la ville (¹), ces peintures achèvent de transfigurer l'ancienne Collégiale que les bons chanoines de 1790 ne reconnaîtraient pas.

Jean-Baptiste Lèche mourut le 18 mars 1893, non sans avoir créé l'école libre des Frères afin de ne pas perdre ces excellents éducateurs atteints par la loi. Il fut remplacé neuf mois plus tard par le *curé Loumagne*, dont la paroisse n'eut pas le temps d'apprécier les vertus, car il mourut le 31 juillet de l'an-

---

¹ M. l'abbé Joseph Sarrebayrouse, chapelain de la métropole d'Auch, neveu du chanoine Caubet, professeur de philosophie au Grand Séminaire d'Auch.

née suivante, remplacé par M. l'abbé *Clair Bernès*, qui fut installé le 20 janvier 1895. Pendant les quatre années de son ministère, il parut si bien retenir la paroisse sur les pentes fatales, que Mgr Balaïn, archevêque d'Auch, résolut de le donner comme modèle à ses jeunes lévites en le nommant supérieur du Grand Séminaire([1]).

Le curé *Hippolyte Forgues*, son successeur, connut sans se laisser abattre, les sombres moments de l'expulsion des Congrégations enseignantes, les Inventaires et la loi de Séparation. Il releva ses écoles libres abattues, qui vivent encore, grâces à Dieu, car « l'école chrétienne est le noviciat du christiannisme » et l'Eglise, qui a le devoir d'enseigner, doit tout dépenser, tout souffrir plutôt que de se taire. Les Frères ont malheureusement disparu quoique leur œuvre se maintienne par des maîtres aussi dévoués. Mais le Pensionnat Notre-Dame s'est survécu par l'abnégation d'une sainte religieuse, Mlle Boyer, ancienne institutrice de l'Etat, qui s'est senti la vocation de celles qu'on appelle « les religieuses des temps nouveaux », religieuses prosaïques, sans guimpe et sans clôture, doublant ainsi leur mérite, sauvant tout aussi bien les âmes et préparant à la France un avenir religieux meilleur ([2]).

Subitement frappé par la mort le 24 janvier 1908,

[1] Le trop court ministère de M. le chanoine Bernès demeure signalé : 1º par l'inauguration de l'œuvre de la *Consolation* de N. S. dans l'Eucharistie et dans les Pauvres ; 2º par l'exhumation des curés Henry et Fauré transférés à la chapelle sacerdotale ; 3º par la croix dominicale de Mission à l'ouest de la Tour, remplaçant celles de 1817 et 1840.

[2] Mère Marie Boyer est morte à la tâche le 24 mai 1920. Après trois années de dévouement à l'œuvre, Mère Marie Ducaud a passé la direction à Mlle Maria Sentis, dont les débuts se trouvent placés sous le patronage de saint Bertrand en son VIIIe centenaire.

le vaillant pasteur a été remplacé au gouvernail par
M. le Chanoine Bernard de Castelbajac, qui continue avec tout le succès possible en ces malheureux
temps, le travail de ses prédécesseurs. Que saint Bertrand lui accorde, pour le remercier de son dévouement aux fêtes du Centenaire, force et douceur pour
ramener ou conserver au bercail les âmes qui lui sont
si chères : *Fortis, mitisque !...*

C'est avec raison que Mgr l'Archevêque, dans la
Lettre Pastorale qu'on a lue en tête de cette brochure, supplie saint Bertrand d'accorder au diocèse
d'Auch, dont il a tant de fois visité la capitale, la
grande floraison de vocations sacerdotales que ré-
clame la disette extrême des années postérieures à la
Loi de Séparation. Saint Bertrand n'a-t-il pas fait, à
ce point de vue, de la paroisse de L'Isle-Jourdain,
suivant l'expression même de Mgr de Langalerie,
« la pépinière et le jardin du diocèse (¹) » ? Vingt-

¹ Parmi les prêtres lislois, — on a vu les deux évêques de la Maison
de L'Isle, — l'histoire fait une place d'honneur à *l'abbé Anselme*.
Né en cette ville le 14 janvier 1652, fils de Pierre Anselme, chirurgien,
et de Marie de Chabanon, ayant eu pour parrain de baptême son
oncle, Messire Antoine Anselme, curé de Giscaro, il embrassa l'état
ecclésiastique et se consacra à la culture des belles-lettres. Deux fois
il fut couronné par les Jeux-Floraux. Le marquis de Montespan lui
ayant confié l'éducation de son fils, il vint avec son élève à Paris, où
son éloquence fut vite remarquée. Maintes fois il prêcha à la Cour
(*Recueil de Sermons*, 7 volumes in-4°). Mme de Sévigné écrivait à son
sujet : « J'ai été ce matin à une très belle Passion à Saint-Paul ;
c'était l'abbé Anselme. J'étais prévenue contre lui. Je le trouvais
gascon et c'était assez pour m'oter la foi en ses paroles. Mais il m'a
forcé de revenir de cet injuste jugement et je le trouve un des bons
prédicateurs que j'aie jamais entendu : de l'esprit, de la dévotion, de
la grâce, de l'éloquence ; en un mot, je n'en préfère guères à lui. »
— Antoine Anselme mourut à 85 ans dans l'abbaye de Saint-Sever
(Landes), qu'il avait obtenue de Louis XIV, et où il n'a laissé que
d'excellents souvenirs dans sa longue administration.

deux prêtres lislois, nous l'avons vu, sous le curé Taste. Aujourd'hui encore, aucune paroisse du diocèse ne saurait rivaliser avec elle. Deux de ses jeunes prêtres sont, hélas ! tombés victimes de la guerre: l'abbé Joseph Bezombes, curé de Solomiac et l'abbé Paul Dieudé, professeur à Gimont. Treize restent encore pour fêter le centenaire :

Chanoine Abadie (1851), aumônier de l'Hôpital d'Auch;

Chanoine Lisle (1853), supérieur du Collège, Eauze;

Chanoine Dardenne (1861), Archiprêtre, Mirande;

Joseph Sarrebayrouse (1857), chapelain de la Métropole, rédacteur du *Messager de la Consolation* à L'Isle-Jourdain;

Jean-Marie Brunet (1856), curé de Sarcos;

François Izard (1861), curé d'Espaon;

Louis Pradet (1865), curé de Saint-Sauvy;

Henri Castérède (1871), curé de Marsan;

Jean-Bapt. Argagnon (1872), curé de Labastide-Savès;

Jean-Marie Dieudé (1876), curé de Frégouvielle;

Paul Belleserre (1879), répétiteur à Auch;

Antonin Noilhan (1881), professeur au Collège de Gimont;

Dominique Bascou (1898), vicaire à Samatan.

Dans le canton de L'Isle-Jourdain, deux paroisses comptent quatre prêtres vivants : 1° Monferran : MM. Lamothe, doyen de Saint-Clar; Lamothe, professeur à Gimont ; Laurine, curé de Noilhan ; Traverse, professeur à Paris. — 2° *Segoufielle* : Daries, missionnaire en Chine; Mouchet, curé de Thoux ; Pujos, curé de La Romieu; Picard, en retraite. — *Endoufielle* en a un : M. Louis Belleserre, curé de Cadeilhan. — *Auradé* : M. l'abbé Castaing, professeur au Collège de Gimont. — *Maurens* : M. l'abbé Saint-Serin, curé de Saint-Pierre-de-Vinsac.

TABLE DES MATIÈRES

Pages.

Auch. — Imprimerie F. COCHARAUX, rue de Lorraine.

ARMOIRIES DE LA VILLE DE L'ISLE-JOURDAIN